Zur Einführung der Sammlung.

Seit der „Rechtsgang“ sein Erscheinen eingestellt hat, gebricht es an einem Organ für die vergleichende Behandlung des Rechts der verschiedenen Zweige des gerichtlichen Verfahrens, die sog. *interne* Prozeßrechtsvergleichung. Aber auch die eigentliche, die sog. *externe* Rechtsvergleichung wird von den vorhandenen zivilprozessualen Zeitschriften tatsächlich oder ausdrücklich aus ihrem Pflegegebiete ausgeschieden. Die „prozeßrechtlichen Abhandlungen“ sind bestimmt, diese Lücke wenigstens einigermaßen auszufüllen. Die Empfindlichkeit dieser Lücke zwang die Herausgeber über alle Bedenken hinweg, die sich der Begründung einer neuen Sammlung naturgemäß entgegenstellen. Einmal begründet, soll die Sammlung auch die Aufnahme solcher Abhandlungen nicht ausschließen, die, ohne im engeren Sinne prozeßrechtsvergleichend zu sein, das Recht des einen oder anderen Zweiges des gerichtlichen Verfahrens dogmatisch, geschichtlich oder rechtspolitisch fördern. Daß die Opferwilligkeit des Verlegers die Begründung der Sammlung ermöglicht hat, sei dankbar hervorgehoben.

Heinrich Gerland. James Goldschmidt. August Hegler
Eduard Kohlrausch. Johannes Nagler.

PROZESSRECHTLICHE ABHANDLUNGEN
HERAUSGEGEBEN IN GEMEINSCHAFT MIT
HEINRICH GERLAND · AUGUST HEGLER
EDUARD KOHLRAUSCH · JOHANNES NAGLER
VON
JAMES GOLDSCHMIDT
I

RECHTSPOLITISCHE UND RECHTSVERGLEICHENDE BEITRÄGE ZUM ZIVILPROZESSUALEN BEWEISRECHT

VON

DR. HELMUT RÜHL
GERICHTSASSESSOR IN
BERLIN

UND

CHAR. N. FRAGISTAS
RECHTSANWALT IN
ATHEN

MIT EINEM NACHWORT
VON

DR. HANS FRITZ ABRAHAM
RECHTSANWALT AM KAMMERGERICHT
BERLIN

Springer-Verlag Berlin Heidelberg GmbH 1929

ISBN 978-3-662-34230-5 ISBN 978-3-662-34501-6 (eBook)
DOI 10.1007/978-3-662-34501-6

Vorwort.

Das vorliegende Heft behandelt das Problem der zivilprozessualen Beweisreform auf rechtsvergleichender Grundlage. Das Verdienst, dieses Problem in neuester Zeit zum ersten Mal gestellt zu haben, gebührt Herrn Rechtsanwalt Dr. HANS FRITZ ABRAHAM in Berlin. Es geschah in seinem Aufsatz in der Zeitschrift für Deutschen Zivilprozeß Bd. 50 S. 21 ff. „Von der Formenfreiheit zum Formenzwang?". Die von ihm behandelte Frage, Zurückdrängung des Zeugenbeweises durch den Urkundenbeweis, steht auch heute noch im Mittelpunkt. Sie verweist uns auf das französische Recht, und der Beitrag des Herrn FRAGISTAS zeigt uns, wie sich ein auf französischer Grundlage beruhendes Beweisrecht auswirkt. Aber die Zurückdrängung des Zeugenbeweises durch den Urkundenbeweis ist doch nur ein Teilproblem. Wie sich aus dem Beitrag des Herrn Dr. RÜHL ergibt, sind weitere Teilprobleme die Ersetzung des Parteieides durch das Parteizeugnis und die Einschränkung der Eidesleistungen. So mündet denn das anscheinend rein zivilprozessuale Gesamtproblem ein in das der Bekämpfung der sog. „Meineidsseuche", welche als eine der wichtigsten Aufgaben der Reform des Strafrechts und beider Prozeßrechte erkannt ist.

Berlin, im Mai 1929. GOLDSCHMIDT.

Inhaltsverzeichnis.

Abkürzungen.

c. c. = code civil.
c. c. it. = codice civile italiano.
c. com. = code de commerce.
c. com. it. = codice di commercio italiano.
Dalloz rép. = Répertoire alphabétique de législation, de doctrine et de jurisprudence Dalloz.
DP. = Dalloz, Recueil périodique.
E. = Entwurf (z. B. StrPO. E. bedeutet Entwurf der neuen StrPO.).
Rec. hebd. = Recueil hebdomadaire de jurisprudence Dalloz.
Rev. crit. = Revue critique.
Rev. trim. = Revue trimestrielle.
Riv. di dir. civ. = Rivista di diritto civile.
Riv. di dir. proc. civ. = Rivista di diritto processuale civile.
ZGB. = Schweizer Zivilgesetzbuch.

Deutsche Gesetze und Zeitschriften sind in der üblichen Weise abgekürzt worden.

I. Reformbestrebungen auf dem Gebiet des zivilprozessualen Beweisverfahrens.

Von Gerichtsassessor Dr. HELMUT RÜHL, Berlin.

Einleitung.

Die Frage, ob und wie das Beweisverfahren umzugestalten sei, nimmt unter den gegenwärtig für das Gebiet des Zivilprozesses erörterten Reformfragen einen breiten Raum ein. Die Vorschriften der ZPO. über den Beweis sind seit 1877 nur selten und nicht sehr einschneidend abgeändert worden, während inzwischen nicht nur Wirtschaft und Recht im allgemeinen, sondern auch der Zivilprozeß im besonderen tiefgreifenden Veränderungen unterlag. Vor allem ist der Mündlichkeits- und der Unmittelbarkeitsgrundsatz[1] teils rechtlich durch gesetzgeberische Maßnahmen, teils tatsächlich durch die Entwicklung, die der Prozeß jedenfalls vor den Gerichten der großen Städte durchgemacht hat, weitgehend eingeschränkt worden. Daß die Beweisvorschriften angesichts dieser inneren Verwandlung jetzt vom prozeßpolitischen Standpunkt aus anders zu würdigen sind als früher, liegt auf der Hand. Das Auftauchen von Reformbestrebungen auf dem Gebiet des Beweisverfahrens ist also durchaus verständlich.

Über diese Bestrebungen einen vollständigen Überblick zu geben, ist hier nicht beabsichtigt. Die folgenden Erörterungen wollen nur einige besonders bedeutsame Probleme herausgreifen. Unerörtert bleibt insbesondere die Frage, ob die Art der *Erhebung* der Beweise geändert werden soll. Grundsätzlich liegt die Aufnahme der Beweise bei uns (entsprechend dem österreichischen Recht) in der Hand des Gerichts, wenngleich durch die Einführung des Einzelrichters eine Annäherung an das französische System (Richterkommissar, vgl. c. proc. civ., artt. 255 ff.) erfolgt ist. Im Gegensatz dazu ist nach englischem und dänischem Recht die Beweisaufnahme, insbesondere die Vernehmung der Zeugen, Sache der Parteien („Kreuzverhör"). Ob dieses System

[1] Den engen Zusammenhang zwischen diesen Grundsätzen und den Beweisvorschriften betont richtig auch CHIOVENDA: L'oralità e la prova. Riv. di dir. proc. civ. I, 16.

sich in Deutschland bewähren würde, ist zu bezweifeln, bedarf aber hier keiner näheren Erörterung, da Reformvorschläge dieses Inhalts für den Zivilprozeß[1] bisher nur wenig Anklang gefunden haben.

Die nachfolgenden Ausführungen wollen nur zu drei Fragenkreisen deren erschöpfende Behandlung weit über den Rahmen dieser Zeilen hinausgehen würde, Anregungen geben und Diskussionsmaterial herbeischaffen: Verminderung der Zahl der Eidesleistungen, Ersetzung des Parteieids durch eine Parteivernehmung, sowie vor allem Einschränkung des Zeugenbeweises zugunsten des Urkundenbeweises.

Daß bei dieser Betrachtung versucht wird, aus den mit ausländischen Gesetzen gemachten Erfahrungen Nutzen zu ziehen, bedarf angesichts des Umfangs, den in den letzten Jahren in Deutschland die rechtsvergleichende Arbeit angenommen hat, nicht mehr der Begründung. Wie hohe Bedeutung gerade für Reformfragen rechtsvergleichenden Studien zukommt, haben besonders RABEL (Über Aufgaben und Notwendigkeit der Rechtsvergleichung, Rhein. Z. 13, 287) und HEYMANN (im Handwörterbuch der Rechtswissenschaft I, 425; Stichw.: Auslandsrecht) gezeigt. Von Verfahrensvorschriften gilt noch mehr als von anderen Normen der Satz, daß nur die Ergebnisse, zu denen man bei ihrer praktischen Anwendung gelangt ist, als Grundlage für ihre Beurteilung zu dienen vermögen; ein Blick auf ausländische Erfahrungen mag da den Gesetzgeber von gefährlichen Experimenten zurückhalten.

Auch daß die Betrachtung vom Zivilprozeß aus gelegentlich auf andere Verfahrensarten übergreift, wird keinen Widerspruch erfahren. Gerade für Fragen des Beweisrechts wird eine (die zwischen den einzelnen Verfahrensarten bestehenden tiefgreifenden Unterschiede nicht übersehende) gemeinschaftliche Behandlung des Prozesses in seiner Gesamtheit förderlich sein — etwa wie dies bei GOLDSCHMIDT (Der Prozeß als Rechtslage) oder neuestens bei KARL FRIEDRICHS „Streitverfahren" geschieht. Mit gutem Erfolg hat das dänische Rechtspflegegesetz von 1916 und der Codex iuris canonici von 1917[2] den ganzen Rechtsgang in *einem* Gesetzbuch geregelt.

I. Einschränkung der Beeidigung.

Das Problem der Abschaffung oder Einschränkung des Eides im Zivil- und Strafverfahren ist bisher vorwiegend im Zusammenhang mit der Reform des Strafgesetzbuches behandelt worden. Geleitet von

[1] Für das Gebiet des Strafprozesses, wo freilich andere Gesichtspunkte als im Zivilprozeß den Ausschlag geben, hat der Deutsche Juristentag 1928 auf Grund der Gutachten Graf DOHNAS und ALSBERGS diese Reform befürwortet.

[2] Dazu MEILE: Beweislehre des kanonischen Prozesses. Dissert. Freiburg (Schweiz) 1925.

dem Bestreben, die sog. „Meineidseuche"[1] zu bekämpfen, sann man in erster Linie auf eine Abänderung der Vorschriften über die Bestrafung der Eidesdelikte und erst in zweiter Linie auf eine Abänderung der in den Prozeßgesetzen enthaltenen Vorschriften über die Beeidigung. Die Bedeutsamkeit der prozessualen Vorschriften über die Beeidigung für das kriminalpolitische Problem der Eidesvergehen wurde in den Verhandlungen des Strafrechtsausschusses[2] klar erkannt. Aber der Zusammenhang, in dem der Strafrechtsausschuß zur Beratung dieser Fragen gelangte, sowie seine Zusammensetzung aus vorwiegend strafrechtlich interessierten Abgeordneten brachte es mit sich, daß der Ausschuß, sofern er auf die Verfahrensfragen einging, stets die zivilprozessualen Fragen hinter den mit dem Strafprozeß zusammenhängenden zurücktreten ließ[3]. Gerade im Zivilprozeß werden aber außerordentlich viele Eide geleistet.

§ 391 ZPO. zwingt (vorbehaltlich eines Verzichts der Parteien) grundsätzlich zur Beeidigung eines jeden Zeugen. Der Verzicht der Parteien auf die Beeidigung spielt praktisch keine sehr große Rolle, teils weil zum Beweistermin nicht beide Parteien bzw. ihre Vertreter erscheinen und ein Verzicht seitens nur der einen Partei wirkungslos ist, teils auch weil die Prozeßbevollmächtigten oft eine gewisse Scheu haben, diesen Verzicht auszusprechen. So werden täglich unzählige Eide selbst dann geleistet, wenn der Richter der beeidigten Aussage ebensoviel oder so wenig Glauben schenken würde, wie der eidlich nicht bekräftigten. Hier tut ein Wandel dringend not[4] [5].

---

[1] Über die Zahl der Eidesdelikte im Inland und Ausland vgl. die Statistik bei Stooss in der „Vergleichenden Darstellung des deutschen und ausländischen Strafrechts", Besonderer Teil, Bd. 3, S. 409—412. Wegen der Zahlen nur für Deutschland vgl. die Zusammenstellung bei Strathmann („Ist der gesetzliche Eid noch haltbar?") in der Festgabe für Zahn, 1928, S. 59. Im Jahre 1926 erfolgte in 4089 Fällen, im Jahre 1927 in 4605 Fällen eine Anklage wegen Eidesdelikten (vgl. die Rede des preußischen Justizministers zum Justizetat, JW. 1929, 833). Die Zahl der Verurteilungen belief sich im Jahre 1926 auf 2400.

[2] Über diese berichtet ausführlich Löwenthal („Eid und Meineid im Strafrechtsausschuß" in „Die Justiz" 1929, 277), der allerdings nur die Verhandlungen bis zur Auflösung des Reichstags behandelt. Über die Beratungen im Strafrechtsausschuß des neuen Reichstags vgl. unten S. 12 f.

[3] So beschränkte z. B. der Abgeordnete Kahl (45. Sitzung, S. 4) seine auf völlige Beseitigung des Eides gerichtete Anregung ausdrücklich auf das Strafverfahren.

[4] In diesem Sinne hat sich anläßlich einer Sonderfrage (Reform des Ehestreitverfahrens) auch der Deutsche Juristentag 1928 geäußert.

[5] Auch im Strafprozeß besteht ein ähnliches Bedürfnis (vgl. Schwarz: DJZ. 1928, Sp. 1509), zumal da ja dort nicht einmal bei übereinstimmender Verzichtserklärung von Staatsanwalt und Angeklagten von der Beeidigung abgesehen werden kann.

Andere Verfahrensgesetze als die ZPO. haben weit elastischere Vorschriften gegeben; so § 15 FGG. („über die Beeidigung eines Zeugen ... entscheidet, ... das Ermessen des Gerichts"), so das preußische Landesverwaltungsgesetz vom 31. Juli 1883, indem es in seinem § 76 nur vorschreibt: „Das Gericht ... ist befugt ..., Zeugen und Sachverständige zu laden und eidlich zu vernehmen", was von Rechtsprechung und Wissenschaft dahin aufgefaßt wird, daß die Beeidigung im Ermessen des Gerichts steht[1].

Auch die Reichsabgabenordnung läßt die eidliche Bekräftigung nur in Ausnahmefällen zu (§ 209).

Vor allem aber bedarf es hier eines Eingehens auf § 58 ArbGG. Dieses Gesetz, dessen Erlaß VOLKMAR (Judicium I, 33) mit Recht „zu den bedeutsamsten Ereignissen der neuzeitlichen Entwicklung unseres Zivilprozeßrechts" rechnet, besagt in seinem Abs. II (übereinstimmend übrigens mit §§ 1652 III, 1665, 1679, 1701, 1771 RVO.):

„Zeugen und Sachverständige werden nur beeidigt, wenn die Kammer dies zur Herbeiführung einer wahrheitsgemäßen Äußerung für notwendig erachtet."

Eine ähnliche Regelung galt wegen § 44 Abs. II GewGG., § 16 KfmGG. schon früher für die Gewerbegerichte und die Kaufmannsgerichte. Nach diesen Rechtssätzen hatte eine Beeidigung aber auch dann zu erfolgen, wenn eine der Parteien sie beantragte, während jetzt allein das Ermessen des Gerichts entscheidet.

Die Formulierung des ArbGGs erscheint durchaus zweckentsprechend. Glücklich ist vor allem, daß das freie Ermessen des Richters in eine bestimmte Bahn gelenkt wird: Wenn das Gericht die Aussage auch ohne Beeidigung für wahrheitsgemäß hält oder aber der Ansicht ist, auch unter Eideszwang würde sich der Zeuge zu einer wahrheitsgemäßen Aussage nicht verstehen, soll die Beeidigung unterbleiben. Diese Regelung geht in der Einschränkung des Beeidigungszwanges mit Recht noch über entsprechende ausländische Bestimmungen hinaus. Nur *einen* der möglichen Fälle regelt § 312 der ungarischen ZPO. von 1911:

„Die Beeidigung des Zeugen kann unterlassen werden, wenn die Aussage des Zeugen auch im Falle einer Bekräftigung durch Eid keinen Glauben verdienen würde."

Eine unerfreuliche Kasuistik, der wegen ihrer allgemeinen Fassung die Vorschrift des § 58 ArbGG. ebenfalls vorzuziehen ist, gibt auch § 338 Abs. II der österreichischen ZPO. von 1895:

„Nach Ablegung der Aussage kann mit Rücksicht auf die Unerheblichkeit derselben oder auf das ihr zukommende geringe Maß von Glaub-

---

[1] Vgl. BERNER in v. BRAUCHITSCH-DREWS-LASSAR: Preußische Verwaltungsgesetze, 23. Aufl., Anm. 4c zu § 76; OVG. 60, 365; nicht entgegenstehend OVG. im PrVBl. 48, 23.

würdigkeit vom erkennenden Gerichte oder von dem die Vernehmung leitenden beauftragten oder ersuchten Richter ausgesprochen werden, daß die Beeidigung unterbleibe."

§ 58 ähnelt der im Jahre 1922 in das dänische Rechtspflegegesetz eingefügten Bestimmung (§ 186), wonach Zeugen nur dann zu beeidigen sind, wenn eine der Parteien es verlangt und das Gericht es erforderlich findet, gibt aber im Gegensatz zu dieser Vorschrift und zum § 391 Abs. II ZPO. dem Gerichte die Möglichkeit, trotz des Verzichtes beider Parteien in Ausnahmefällen auf der Beeidigung zu bestehen. In einer Zeit, in der mit Scheinvollstreckungen und anfechtbaren Titeln im weitesten Umfange gearbeitet wird und in der es wegen Scheinprozessen zu Bestrafungen kommt (vgl. RGSt. 59, 104), muß es dem Gericht freistehen, auch entgegen dem Willen beider Parteien den Zeugen dem Eideszwang zu unterwerfen, um durch diesen Druck möglicherweise den Zeugen zu einer Berichtigung seiner nach Ansicht des Gerichts falschen Aussage zu bringen. Eine solche Regelung trifft auch die österreichische ZPO. § 336 Abs. II, indem sie dem Gericht gestattet, trotz des Verzichts beider Parteien zur Beeidigung zu schreiten[1].

Daß die Parteien keinerlei Einfluß mehr darauf haben, ob ein Zeuge beeidigt wird oder nicht, entspricht der richtigen Auffassung von der den Zeugen treffenden Pflicht zur Aussage und Beeidigung als einer gegenüber dem Staat, nicht gegenüber den Parteien bestehenden Pflicht. Die Befürchtung, das Gericht werde den Eid so häufig verlangen, daß dadurch die erwünschte Einschränkung der Zahl der Eidesleistungen verhindert würde, erscheint angesichts der mit den obenerwähnten §§ 15 FGG. und § 76 LVG. gemachten Erfahrungen grundlos[2].

Es empfiehlt sich also, die in § 58 II getroffene Regelung, die sich bisher nach dem Zeugnis VOLKMARS (JW. 1928, 3027) bewährt hat, allgemein einzuführen[3].

Bedenken gegen diese Reform lassen sich auch nicht aus dem Gesichtspunkte herleiten, daß in demselben Augenblick, in dem die Be-

---

[1] Vgl. auch BAYER: Entscheidungsgrundlagen im deutschen und österreichischen Zivilprozeß, S. 147.

[2] Auch das Bedenken ALSBERGS (JW. 1928, 2976, Nr. 6) dürfte sich bei dieser Regelung erledigen.

[3] SCHIFFER will in seinem „Entwurf eines Gesetzes zur Neuordnung des deutschen Rechtswesens" § 24 die Beeidigung dann für zulässig erklären, „wenn sie aus besonderen Gründen, insbesondere zur Herbeiführung einer . . . wahrheitsgemäßen Aussage geboten erscheint."

Auch die wichtigsten Prozeßordnungen der Gemischten Schiedsgerichtshöfe stellen die Beeidigung der Zeugen in das Ermessen des Gerichts (vgl. MENDELSSOHN-BARTHOLDY in „Der Zivilprozeß", S. 43 und 44). Zu erwähnen ist auch § 499c ZPO., wonach es in der Güteverhandlung dem Ermessen des Gerichts überlassen bleibt, „inwieweit Zeugen oder Sachverständige eidlich oder uneidlich vernommen werden".

eidigung des Zeugen in das Ermessen des Richters gestellt wird, die geschichtlich gewordenen Regelungen der Zeugnisfähigkeit und der Eidesfähigkeit ihren Sinn zum Teil verlieren. Nur zum Teil! (was GUNZENHÄUSER: Zum Problem der Einschränkung des Zeugeneides, in GruchBeitr. 70, S. 192 übersieht): Diese Vorschriften behalten jedenfalls nach der negativen Seite, insofern als sie nämlich die Vernehmung bzw. Beeidigung einer Person *ausschließen*, ihre volle Bedeutung. Und daß diese Unterscheidungen weniger wichtig werden, vermag nur der zu bedauern, der sich gegen jede weitere Ausdehnung des freien Ermessens der Richter wendet (so anscheinend GUNZENHÄUSER, S. 192). In einer Zeit aber, die im Zivilrecht mehr und mehr mit dem Gedanken der Interessenabwägung arbeitet, die vor allem durch das neue StrGB. dem Strafrichter eine außerordentlich weitgehende diskretionäre Macht einräumen will, ist es folgewidrig, sich im Verfahrensrecht vor einer Erweiterung des Bereichs richterlichen Ermessens zu scheuen[1].

Das Manuskript war bereits abgeschlossen, als der (übrigens schon in einem Aufsatz des Reichsjustizministers in JW. 1929, 5 angekündigte) Reformvorschlag des Reichsjustizministeriums vom 7. Februar 1929 dem 21. Ausschuß des Reichstags (Drucksachen dieses Ausschusses Nr. 175) zugeleitet wurde. Diese (im folgenden als „Denkschrift" zitierte) Drucksache enthält in erster Linie eine Neufassung des 11. Abschnittes des Besonderen Teils des Strafgesetzentwurfs („Verletzung der Bekräftigungspflicht oder Eidespflicht"). Im vorliegenden Zusammenhang sind diese Vorschriften nur mittelbar wichtig, weil nämlich in engster Verbindung damit die (in derselben Denkschrift wiedergegebenen) Vorschläge zwecks Einschränkung der Zahl der Eidesleistungen stehen, die im Entwurf eines „Einführungsgesetzes zum Allgemeinen Deutschen Strafgesetzbuch und zum Strafvollzugsgesetz" enthalten sind (hier zitiert „E").

Danach soll an Stelle der Beeidigung (§ 391 ZPO.) grundsätzlich eine „Bekräftigung" treten; diese soll in der Weise erfolgen, daß der Zeuge dem Richter die Worte nachspricht: „Ich bekräftige die Richtigkeit und Vollständigkeit meiner Aussage auf Pflicht und Gewissen" (§ 393d E.). Die eidesstattliche Versicherung soll nach § 294 E. durch eine „Versicherung auf Pflicht und Gewissen" ersetzt werden[2]. Die Eidesformel soll unverändert bleiben; § 393e E. trägt nur in seiner

---

[1] Recht weit geht (hinsichtlich des Umfangs der Beweisaufnahme) z. B. auch das Ermessen des Strafrichters (§ 245 StrPO.).

[2] Die sprachliche Formulierung erscheint noch der Verbesserung bedürftig; wird die bisherige Fassung Gesetz, so wird die „Versicherung auf Pflicht und Gewissen" mit der „Bekräftigung auf Pflicht und Gewissen" leicht verwechselt werden.

Fassung der durch die Reichsverfassung Art. 177 geschaffenen Möglichkeit Rechnung, den Eid ohne Anrufung Gottes zu leisten[1].

In welchem Verhältnis diese drei Beteuerungsmittel (Eid, Bekräftigung und Versicherung) zueinander stehen, ergibt sich aus den Strafdrohungen, die daran geknüpft sind, daß jemand mit ihnen „unrichtige oder unvollständige Angaben" beteuert. Der Entwurf scheidet, ob diese Angaben „wissentlich" falsch gemacht werden, oder ob der Täter „ohne wissentlich zu handeln . . . die Unrichtigkeit oder Unvollständigkeit für möglich hielt oder bei Beachtung der ihm durch ein Gesetz oder durch besondere Auflage der zuständigen Behörde auferlegten Pflicht zu sorgfältiger Prüfung und Erkundigung erkannt haben würde"; dieser Tatbestand soll im folgenden mit „Fall b", jener mit „Fall a" bezeichnet werden.

Als Straffolgen sollen dann angedroht werden:

Fall a.	Fall b.
1. Eid:	
„Meineid": Zuchthaus bis zu 10 Jahren (§ 184 E.).	„Nichtwissentlicher Falscheid": Gefängnis bis zu 3 Jahren (§ 184a E.).
2. Bekräftigung:	
„Wissentlich falsche Bekräftigung": Gefängnis nicht unter 3 Monaten, in besonders schweren Fällen Zuchthaus bis zu 10 Jahren (§ 183a E.).	„Nicht wissentlich falsche Bekräftigung": Gefängnis bis zu 2 Jahren (§ 183b E.).

„War die Angabe nur in einem Punkte, der für die Sache ohne jede Bedeutung war, unrichtig oder unvollständig, so kann das Gericht von Strafe absehen" (§ 183a Abs. 4, § 183b E).

Fall a.	Fall b.
3. Versicherung auf Pflicht und Gewissen:	
Gefängnis bis zu 3 Jahren (§ 185 E.).	Gefängnis bis zu 1 Jahr oder Geldstrafe (§ 185a E.). In besonders leichten Fällen kann von Strafe abgesehen werden.

Als Ziel der Reform bezeichnet die Denkschrift (S. 3) die „Einschränkung der Eide". Erreicht werden soll dieses Ziel in erster Linie durch die schon oben erwähnte grundsätzliche Ersetzung des Zeugeneides durch die Bekräftigung. Der Zeugeneid soll nur noch auf besondere Anordnung des Prozeßgerichtes geleistet werden. Gemäß § 393b E. „kann" das Prozeßgericht die Beeidigung anordnen, „wenn es der Aussage ausschlaggebende Bedeutung für die Urteilsfindung beimißt und bei Würdigung der Sachlage die Beeidigung zur Herbeiführung einer

[1] Ganz parallele Vorschriften für die Bekräftigung und den Eid im Strafprozeß geben §§ 63 und 64 StrPO. E.

wahrheitsgemäßen Aussage für notwendig erachtet[1]". Diese Unterscheidung zwischen Bekräftigung und Eid kann fruchtbar werden, indem der Zeuge durch die Vorstellung, nunmehr mittels der außergewöhnlichen Beteuerungsformel des Eides die Wahrheit seiner Aussage bestärken zu müssen, einem starken Druck, die Wahrheit zu sprechen, ausgesetzt ist. Dieser psychologische Zwang ist selbst dann vorhanden, wenn der Zeuge seine Aussage bereits „bekräftigt" hatte — was § 61a StrPO. E. als im Strafprozeß notwendig und § 393b ZPO. E. als im Zivilprozeß möglich voraussetzen. Würde der Zeuge lediglich vor der Wahl stehen, durch Widerruf seiner falschen Aussage sich der *sicheren* Bestrafung wegen „Verletzung der Bekräftigungpflicht" auszusetzen oder aber durch Beeidigung der falschen Aussage eine *mögliche* strengere Bestrafung wegen Meineides fürchten zu müssen, so würde er in vielen Fällen nicht zu einem Widerruf bereit sein. Der Entwurf aber hat diesem Gesichtspunkt Rechnung getragen und in § 190 StrGB. E. unter der Überschrift „Tätige Reue" Straffreiheit versprochen, wenn der Zeuge die bekräftigte Aussage bei der nachfolgenden Beeidigung widerruft. Ein sorgfältiger und eindringlicher Hinweis des Zeugen auf diese Möglichkeit, sich Straffreiheit zu verschaffen, wird in der Hand eines geschickten Richters segensreich wirken können.

Dieser Gedanke, daß zur Beeidigung nur ausnahmsweise geschritten werden darf, wird im Entwurf folgerichtig durchgeführt. So soll § 58 ArbGG. einen Zusatz dahin erhalten, daß nach erfolgter Bekräftigung (welche der Entwurf in demselben Umfange zulassen will, in dem gegenwärtig die Beeidigung zulässig ist) die Beeidigung angeordnet werden kann, „wenn die Kammer der Aussage ausschlaggebende Bedeutung für die Urteilsfindung beimißt und die Beeidigung bei Würdigung der Sachlage zur Herbeiführung einer wahrheitsgemäßen Aussage für notwendig erachtet." Ähnlich soll § 15 FGG. abgeändert werden, während in der Güteverhandlung die Beeidigung ebenso ausgeschlossen sein soll, wie dies nach geltendem § 499c ZPO. hinsichtlich des Parteieides schon der Fall ist (§ 499c E.).

Ebenso soll an Stelle des Vorlegungseides (§ 426 ZPO.) und des Offenbarungseides (§§ 254, 807, 883 ZPO.; § 125 KO.; § 61 VerglO.; § 83 FGG.; §§ 259, 260, 2006, 2028 BGB.) die „Bekräftigung" treten.

Im Beweissicherungsverfahren dagegen will § 492 ZPO. E. dem Gericht die Anordnung der Beeidigung schon dann gestatten, „wenn eine Partei es beantragt und nach Überzeugung des Gerichts damit zu rechnen ist, daß eine spätere Beeidigung nicht möglich oder mit erheb-

---

[1] Fast wörtlich übereinstimmend § 61a StrPO. E. für den Strafprozeß (. . . wenn das Gericht der Auffassung ist, „daß bei Würdigung der Sachlage die Beeidigung als äußerstes Mittel der Wahrheitserforschung nicht entbehrt werden kann").

lichen Schwierigkeiten verbunden sein würde." Diese Ausnahmebestimmung ist zu billigen. Die schwierige Abgrenzung, ob eine Beeidigung am Platze ist oder eine bloße Bekräftigung genügt, läßt sich im Rahmen des Beweissicherungsverfahrens nicht treffen[1].

Bei einer Würdigung des Regierungsentwurfs[2] muß anerkannt werden, daß er, anknüpfend an die vom Strafrechtsausschusse des vorigen Reichstages gemachten Vorschläge, erheblich über diese hinausgegangen ist und den großen Schritt einer vollkommen neuen Systematisierung der Eidesdelikte getan hat. Mit Recht bezeichnete ihn der Reichsjustizminister als eine „grundstürzende Neuerung" (44. Sitzung, S. 2), obwohl der Entwurf die völlige Beseitigung des Eides nicht wagt. Namentlich auf Grund der von den Länderregierungen geäußerten Bedenken ist die Reichsregierung zu dem Ergebnis gelangt, daß gegenwärtig der Anschauung weiter Bevölkerungsschichten der Eid als äußerstes Mittel der Wahrheitserforschung noch nicht entbehrt werden könne.

Sehr viele auf dem Gebiete des Zivilprozesses bestehende Reformwünsche läßt freilich die vorgeschlagene Reform noch unbefriedigt[3]. Den entscheidenden Schritt wagt der Entwurf nicht: An einer energischen Einschränkung der Fälle, in denen eine „Bekräftigung" erforderlich ist, fehlt es. Im Strafprozeß machen die §§ 58, 60 E. einen Ansatz dazu: Die Bekräftigung unterbleibt, „wenn das Gericht und die Beteiligten auf sie verzichten" (eine nicht sehr glückliche Formulierung!), oder wenn es sich um ein Verfahren handelt, das ausschließlich eine Übertretung betrifft und das Gericht nach freiem Ermessen von einer Bekräftigung absieht. Vor allem aber ist § 60 hervorzuheben:

„Die Bekräftigung der Aussage ist ferner unzulässig, wenn die Aussage nach der Überzeugung aller Mitglieder des Gerichts unerheblich oder offenbar unglaubwürdig ist"[4].

---

[1] Das ganze Beweissicherungsverfahren sollte übrigens meines Erachtens bei der Prozeßreform noch bedeutend ausgebaut werden. Insbesondere vermag der von ERNST FUCHS gemachte Vorschlag einer „Eil-Unfall-Untersuchung" recht bemerkenswerte Anregungen zu geben. („Die Justiz" 1928, 499.)

[2] Eine Stellungnahme zum Entwurf findet sich bisher nur in Zeitungsaufsätzen, von denen hier diejenigen JAMES GOLDSCHMIDTS (im 8-Uhr-Abendblatt vom 1. März 1929) und STRATHMANNS (in der Deutschen Allgemeinen Zeitung vom 8. März 1929, Morgenausgabe) erwähnt seien.

[3] Man wird auch die Vorschriften über die Wiederaufnahme des Verfahrens dahin abändern müssen, daß schon die Verurteilung wegen falscher Bekräftigung bzw. „uneidlicher falscher Aussage" Grundlage für ein Wiederaufnahmeverfahren sein kann (§ 580 ZPO.).

[4] Zu tadeln ist hier, daß von einer Bekräftigung abgesehen werden *muß* (nicht nur: *kann*), wenn die Aussage offenbar unglaubwürdig ist. Es besteht hier die Gefahr, daß ein Zeuge, der sich seiner Pflicht zur Ablegung eines wahren Zeugnisses entziehen will, absichtlich seiner Aussage

Unbegreiflicherweise hat der Entwurf, obwohl er nach S. 11 der Denkschrift die Vorschriften der ZPO. den entsprechenden der StrPO. angepaßt hat, nicht einmal in diesem Fall eine Ausnahme von dem Prinzip des § 391 ZPO. E. gemacht, wonach jeder Zeuge die Richtigkeit und Vollständigkeit seiner Aussage zu bekräftigen hat. Will man schon nicht, wie oben S. 4/5 gefordert wurde, die wertvollen Gedanken des § 58 ArbGG. und der ausländischen Vorbilder in vollem Umfange in den Zivilprozeß übernehmen, so muß zum mindesten eine Übertragung des in § 60 StrPO. E. ausgesprochenen Grundsatzes auf den Zivilprozeß gefordert werden.

Daß der Entwurf (im Gegensatz etwa zum französisch-italienischen System) die Verbindung zwischen der Beteuerungsformel und religiösen Vorstellungen[1] nicht vollkommen löst, sondern für Ausnahmefälle an dem althergebrachten, mit einer strafrechtlich besonders stark gesicherten Wahrheitspflicht verknüpften Eide festhält, ist nicht zu tadeln[2 3].

Nur sollte man nicht glauben, durch die Vertauschung von Eid und Bekräftigung erheblich vorangekommen zu sein. Zwar wird die Zahl der

---

einen vollkommen unglaubwürdigen Inhalt gibt, um so der Bekräftigung und damit der eventuellen Bestrafung wegen falscher Aussage zu entgehen. Vereidigt könnte er auch nicht werden, da ja eine Vereidigung voraussetzt, daß eine Bekräftigung vorangegangen ist. Diese Gefahr ist auch bei der Stellungnahme des Strafrechtsausschusses (insbesondere von den Abgeordneten BELL und HANEMANN) hervorgehoben worden (44. Sitzung, S. 4, 7). Der Strafrechtsausschuß hat schließlich dem Wunsche Ausdruck gegeben, daß aus dieser Mußvorschrift eine Kannvorschrift wird.

[1] Über diesen Zusammenhang vgl. besonders THUDICHUM: Geschichte des Eides, passim.

[2] Anders naturgemäß diejenigen, die schon auf dem Boden des geltenden Rechtes die Zwiespältigkeit der Eidesformel beklagen, wie etwa MIEG in DRZ. 1928, 390.

[3] Bei der Besprechung der Vorlage in einem Unterausschuß des Strafrechtsausschusses hat sich insbesondere der Abgeordnete KAHL (in Anknüpfung an schon in den Jahren 1903 und 1912 von ihm ausgesprochene Gedanken) gegen die „Komödie der Eidesableistung" gewandt (45. Sitzung, S. 3, 4). Ebenso hat der Abgeordnete STRATHMANN aus religiösen Gründen den „Mißbrauch des Namens Gottes bei diesem profanen Geschäft" (45. Sitzung, S. 5) bekämpft und gleich KAHL völlige Abschaffung des Eides verlangt. KAHL schlug dabei die klare Formulierung vor: „Wer nach entsprechender Verwarnung vor Gericht lügt wird mit Zuchthaus oder Gefängnis bestraft." Aus anderen Beweggründen heraus erklärten sich auch die sozialistischen und kommunistischen Mitglieder des Ausschusses für völlige Beseitigung des Eides. Im Schrifttum äußerten sich in diesem Sinne GEORG LUCAS („Justizreform" in Z. f. d. ges. Staatswiss. 85, 466) und STRATHMANN („Ist der gesetzliche Eid noch haltbar?" in der Festgabe für ZAHN, auch gesondert erschienen). Schließlich hat sich der Strafrechtsausschuß aber für eine Beibehaltung des Eides ausgesprochen (vgl. 48. Sitzung, S. 7).

Meineidsprozesse erheblich sinken, aber dafür wird eine ebenso große Anzahl von Strafverfahren wegen „Verletzung der Bekräftigungspflicht" einzuleiten sein. Der praktische Erfolg wird also demjenigen stark ähneln, der eintreten würde, wenn man die Mindeststrafe für den Meineid herabsetzen würde[1].

Glücklicher ist der Entwurf in seinen Einzelvorschriften. Mit Recht hat er vor allem eine eingehende Belehrung des Zeugen über die strafrechtlichen Folgen vorgeschrieben. Von der Erwägung ausgehend, daß diese Belehrung so früh als möglich erfolgen muß, weil es dem Zeugen naturgemäß schwer fällt, etwas einmal Gesagtes zu berichtigen, fordert § 393c ZPO. E., daß die Belehrung nicht nur vor der Bekräftigung der Aussage und vor der Beeidigung zu erfolgen hat, sondern schon vor der Vernehmung[2].

Die übrigen Vorschriften des Entwurfs zielen teils unmittelbar, teils mittelbar auf eine Beschränkung der Zahl der Eidesleistungen ab. Mittelbar erfolgt die Beschränkung, indem der Kreis der zur Verweigerung des Zeugnisses Berechtigten durch Einschaltung einer neuen Nummer 3a in den § 383 (Pflegeeltern und Pflegekinder einer Partei)[3] erweitert wird und indem nach § 384 Nr. 4 das Zeugnis verweigert werden kann „über Fragen, wie der Zeuge bei einer Wahl oder Abstimmung gestimmt hat, bei der im Gesetz geheime Stimmabgabe vorgeschrieben ist". Nach § 393a ZPO. E. können die zur Verweigerung des Zeugnisses Berechtigten auch nach der Vernehmung die Bekräftigung ihrer Aussage verweigern; sie sind darüber zu belehren (vgl. auch § 393 Nr. 3 der geltenden ZPO.).

Unmittelbar wird die Zahl der „Bekräftigungen" dadurch vermindert, daß, mit Rücksicht auf die besonders leichte Beeinflußbarkeit jugendlicher Zeugen, der Abs. 2 des § 393 E. vorschreibt, das Gericht könne bei Personen zwischen 16 und 18 Jahren von der Bekräftigung absehen (ebenso § 61 StrPO. E.). Der Abs. 1 des § 393 E. schließt sich mit der Modifikation, daß es heißt: „von der Bekräftigung ist abzusehen bei der Vernehmung von ...", dem geltenden Rechte an. Nr. 2 soll dahin gefaßt werden: „Personen, die innerhalb der letzten 10 Jahre wegen Verletzung der Eidespflicht oder wegen falscher Aussage rechtskräftig zu Strafe verurteilt worden sind oder eine solche Strafe verbüßt haben ..."

[1] Nach den mit § 160 Nr. 3 ZPO. gemachten Erfahrungen ist kaum zu vermuten, daß der (an sich zu begrüßende) Protokollierungszwang für die unter Eid abzulegenden Aussagen (§ 61a StrPO. E., § 15 FGG. E.) die Zahl der falschen Aussagen erheblich reduzieren wird.

[2] Ebenso wie dadurch § 480 ZPO. erweitert wird, will § 62 StrPO. E. für den Strafprozeß den § 60 des geltenden Rechtes erweitern.

[3] Erheblicher ist die durch § 53 StrPO. E. für den Strafprozeß vorgesehene Vermehrung der zur Verweigerung des Zeugnisses Berechtigten.

Für Sachverständige wird durch § 410 E. der Eid durch die Bekräftigung ersetzt; die Parteien können auf die Bekräftigung verzichten. Ist der Sachverständige für Gutachten der betreffenden Art im allgemeinen beeidigt, so erfolgt die Bekräftigung durch Berufung auf den geleisteten Eid (entsprechend § 79 StrPO. E.). Mit dem Hinweis auf den ein für allemal geleisteten Sachverständigeneid sind wohl nicht nur vor Inkrafttreten der Neuregelung erfolgte Beeidigungen gemeint; zwar sind im Rahmen des Prozesses neue Beeidigungen künftighin nicht mehr zulässig, wohl aber dürfen auch nach der Reform die landesrechtlich zuständigen Behörden nach wie vor allgemeine Beeidigungen von Sachverständigen vornehmen.

Alles in allem bringt also der Entwurf zwar in Einzelheiten (z. B. auch in der Beschränkung der vielfach ganz schematisch gestellten Fragen nach den Vorstrafen des Zeugen [vgl. § 395 ZPO. E., § 69a StrPO. E.], von denen der letzte aber zu weit geht) Fortschritte, läßt jedoch eine wirklich großzügige Lösung der Frage, wie die Zahl der Eidesleistungen zu beschränken sei, vermissen.

Während der Drucklegung dieser Zeilen beschäftigte sich der 21. Ausschuß des Reichstages mit der neuen Vorlage des Reichsjustizministers. Auf diese Verhandlungen muß hier noch mit einigen Worten eingegangen werden[1]. Die Kritik wandte sich in erster Linie aus grundsätzlichen Erwägungen heraus gegen das System der Regierungsvorlage mit ihren drei Formen der Aussage: der einfachen, der bekräftigten und der beeidigten Aussage. Dabei richteten sich die von den Abgeordneten Emminger, Bell und Hanemann (43. Sitzung, S. 6; 44. Sitzung, S. 4, 7) erhobenen Bedenken in erster Linie gegen die „Bekräftigung"; es werde dadurch „ein kleiner und ein großer Eid geschaffen". Diese Bedenken sind jedoch nicht stichhaltig: auch in dem der Regierungsvorlage entgegengehaltenen Vorschlage des Abgeordneten Emminger finden sich die verpönten drei Arten der Aussage wieder: straflose falsche Aussagen, strafbare falsche Aussagen[2], beeidete falsche Aussagen. Diese innere Verwandtschaft erkannte der frühere Reichsjustizminister

---

[1] Vgl. auch schon oben S. 9 Anm. 4, S. 10 Anm. 3.

[2] Die Reichstagsvorlage (§ 187) gebraucht hier den Ausdruck „falsche uneidliche Aussage", der zu weit ist, da es ja auch falsche uneidliche Aussagen geben soll, die straflos sind. Über die „falsche uneidliche Aussage" sagt § 187 der Reichstagsvorlage: „Wer als Zeuge oder Sachverständiger uneidlich falsch aussagt, obwohl er von der Behörde auf die Strafbarkeit falscher Aussagen hingewiesen worden ist, wird mit Gefängnis bis zu 3 Jahren bestraft." Zur Geschichte dieser Bestimmung vgl. die (für die Erkenntnis des strafrechtlichen Reformwerkes überhaupt außerordentlich wertvolle) Zusammenstellung von Schäfer: Deutsche Strafgesetzentwürfe von 1909 bis 1927, S. 140ff. Die Schwierigkeiten einer Abgrenzung zwischen den §§ 184 und 187 des Entwurfs beleuchtet Löwenthal: a. a. O. 287.

EMMINGER selbst an und meinte nur, es bestehe ein tiefgründiger psychologischer Unterschied zwischen den beiden Vorschlägen, weil durch das Nebeneinanderbestehen zweier Bekräftigungsformen diese gegenseitig entwertet würden (44. Sitzung, S. 11). Dieses Bedenken vermag ich (jedenfalls bei einer geschickten Handhabung der neuen Vorschriften durch die Praxis!) nicht zu teilen. Der große Vorzug des von dem Reichsjustizminister KOCH-WESER eingebrachten Entwurfes gegenüber der ursprünglichen Reichstagsvorlage liegt darin, daß der neue Entwurf in der Zwischenstufe zwischen der straflosbleibenden und der beeideten Aussage für den Fall eines falschen Zeugnisses Bestrafung nur dann eintreten lassen will, wenn der Zeuge noch einmal ausdrücklich bestätigt hat, daß er die Wahrheit gesagt habe („Bekräftigung"). Welche schwerwiegende Bedeutung für ihn selbst und für den Prozeß seine Aussage hat, wird dem Zeugen dadurch viel klarer gemacht, als wenn nur (vielleicht am Beginn der Verhandlung, lange vor der Vernehmung des Zeugen) ein allgemeiner Hinweis des Richters auf die Folgen einer falschen uneidlichen Aussage erfolgt. Umgekehrt zwingt auch diese Vorschrift des neuen Entwurfs den Richter, sich darüber klar zu werden, ob er den Zeugen zur Abgabe einer Bekräftigung auffordern darf oder muß oder ob vielmehr einer derjenigen Fälle vorliegt, in denen dies zu unterbleiben hat. Der § 187 der Reichstagsvorlage, auf den ja die Gegner des neuen Regierungsentwurfs letzten Endes zurückkommen, würde in denjenigen Fällen, in denen gegenwärtig der Zeuge unbeeidigt zu vernehmen ist und in denen künftig die uneidliche falsche Aussage straflos sein soll, dahin führen, daß der Hinweis auf die Strafbarkeit falscher Aussagen unterbleiben muß. Auf den Zeugen, der bei der Vernehmung der übrigen Zeugen gehört hat, daß stets ein Hinweis auf die Strafbarkeit falscher Aussagen erfolgte, müßte das Unterbleiben des Hinweises bei *seiner* Vernehmung wie die Erteilung einer Erlaubnis zum Lügen wirken.

Das im Auftrage des zur Prüfung der Eidesdelikte eingesetzten Unterausschusses von dem Abgeordneten Dr. EMMINGER und Ministerialdirektor Dr. BUMKE ausgearbeitete Kompromiß (Drucksachen des Strafrechtsausschusses Nr. 202) setzt den oben S. 7 mitgeteilten Strafrahmen nicht unerheblich herab. An Stelle der „Bestätigung" bzw. „Bekräftigung" früherer Entwürfe soll die „Versicherung der Richtigkeit und Vollständigkeit unter Berufung auf die Pflicht zur Wahrheit" treten.

Eine Verbesserung gegenüber dem Vorschlag des Reichsjustizministers KOCH-WESER vermag ich darin nicht zu erblicken. Würde man sich entschließen, in diesen Reformvorschlag eine dem § 58 ArbGG. entsprechende Regelung für den gesamten Zivilprozeß einzuschalten, so wäre damit den Bedürfnissen der zivilprozessualen Praxis am besten gedient.

II. Reform des Parteieides.

Der Wunsch nach Einschränkung der Zahl der Eidesleistungen ist auch einer der Gründe für die auf dem Gebiete des Parteieides bestehenden Reformbestrebungen. In der Hauptsache aber beruhen die Angriffe gegen den Parteieid darauf, daß der Richter an das Beschworene gebunden ist und infolge dieser „dem Volke ... wenig verständlichen[1]" Bestimmung in die Hand der Parteien ein „Wahrheitsentscheidungsrecht" gelegt ist, „wie es sonst nur dem Richter zusteht[2]."

So konnte SCHIFFER schreiben:

„Darüber, daß der Parteieid in seiner gegenwärtigen Gestalt ... eine unhaltbare Erscheinung ist, besteht eigentlich keine Meinungsverschiedenheit."[3] [4] [5]

Diese Reformbestrebungen sind alt (Material u. a. bei WACH: Grundfragen und Reform des Zivilprozesses, S. 64). Sie gehen in der Hauptsache dahin, den Parteieid durch eine Vernehmung der Parteien zu ersetzen, ein System, das bereits in mehreren ausländischen Gesetzen heimisch ist.

Dabei besteht ein Unterschied zwischen der englischen Regelung, der die österreichische und japanische verwandt ist, einerseits und den meisten Prozeßordnungen auf der anderen Seite. Die zur ersten Gruppe gehörenden Rechte kennen eine Vernehmung der Parteien (am weitesten geht darin England)[6], nicht aber den Parteieid, während die anderen Prozeßordnungen teils die Parteivernehmung überhaupt nicht zulassen, teils wenigstens noch neben ihr das Institut des Parteieides geschaffen haben.

Bei Prüfung der Frage, ob die Parteivernehmung einzuführen sei, ist vor allem von *dem* Gesichtspunkt auszugehen, ob die Reform zu

---

[1] VOLKMAR in Gruch Beitr. 55, 606. — Auch BAYER: a. a. O., S. 325.

[2] BÜLOW: Arch. f. ziv. Praxis 62, 38. — Auch die obenerwähnte Denkschrift des Reichsjustizministers erkennt an, daß durch den Parteieid „praktisch der Ausgang des Rechtsstreites in die Hand der zum Eide berufenen Partei gelegt wird"; sie will darum hier den Eid nicht durch die Bekräftigung ersetzen.

[3] Die deutsche Justiz, S. 210. — Lebhafte Kritik am Parteieid auch bei JOH. CHR. SCHWARTZ: Erneuerung deutscher Rechtspflege, S. 177ff. — Im kanonischen Prozeß denkt man über den Wert des Parteieides günstiger (vgl. MEILE: a. a. O., S. 89).

[4] Wenn SCHIFFER unter den Ländern, in denen es den Parteieid noch gibt, freilich weder Frankreich (c. c. 1357ff.) noch Italien (c. c. it. 1362ff.) nennt, so kann dies einen falschen Eindruck erwecken.

[5] Der Berichterstatter des Strafrechtsausschusses, Abgeordneter EMMINGER, hat die Regierung aufgefordert, ein Gutachten österreichischer Juristen wegen Abschaffung des Parteieides einzuholen.

[6] Über die nur subsidiäre Zulässigkeit der Parteivernehmung in Österreich und Japan vgl. unten S. 18.

einer besseren Erforschung des wahren Sachverhalts zu führen vermag. Daß die Feststellung eines der Wirklichkeit entsprechenden Tatbestandes als Prozeßziel anzusehen ist, wird zwar vielfach verneint. WACHS Wort: „die Feststellung der Wahrheit ist nicht das Ziel des Zivilprozesses, und kann es nicht sein" (Vorträge über die Reichs-Zivilprozeßordnung, 2. Aufl., S. 199) ist bekannt, aber wir schätzen heute das Interesse des Staates an einer gerechten Entscheidung doch höher ein als vor 30 Jahren[1].

Daß die Feststellung der materiellen Wahrheit zwar nicht das verbürgte, wohl aber das erwünschte Ergebnis des Prozesses ist, mußte WACH (a. a. O. S. 199) selbst zugeben. Jedenfalls wird der Umfang, in dem ein Erkenntnisverfahren zur Erreichung dieses Zieles fähig ist, allgemein als Maßstab für die Güte des Verfahrens, insbesondere der Beweisvorschriften, angesehen werden.

Unter diesem Gesichtswinkel aber verdient die Parteivernehmung den Vorzug vor dem Parteieid[2]. Die Möglichkeit der Aufklärung des wahren Sachverhaltes ist erheblich größer als beim Eid, wo die allzu große Bestimmtheit der zu beschwörenden Tatsache einerseits für Mentalreservationen Raum bietet, andererseits der Gewissenhaftigkeit des Schwurpflichtigen Schwierigkeiten macht. Auch hat diese Art der Beweiserhebung insbesondere gegenüber dem bedingten Endurteil den Vorzug, daß die Partei minder stark unter dem psychologischen Zwange steht, zwischen Leistung des Eides und Verlust des Prozesses wählen zu müssen; bei der Parteivernehmung wird die Partei in aller Regel nicht sofort zu übersehen vermögen, welche Tatsachen für sie günstig sind, und daher eher geneigt sein, die Wahrheit zu sprechen.

Das Hauptbedenken gegen die Einführung der Parteivernehmung liegt im Verhältnis der Parteien zum Prozeßgegenstand, in ihrer Stellung als domini litis[3].

Damit berührt sich aufs engste die Frage, ob die Parteien im Prozeß einer Wahrheitspflicht unterliegen oder jedenfalls unterliegen sollten[4]. Daß dabei an eine rechtliche, nicht eine bloß moralische Pflicht zu denken ist, bedarf wohl kaum der Erwähnung. Letztere ist unbestreitbar, während erstere von WACH als „eine freie Erfindung

[1] Wie auch von HANS FRITZ ABRAHAM (Von der Formenfreiheit zum Formenzwang, ZZP. 50, 39) richtig betont wird.

[2] Auch im Ausland empfindet man den Parteieid als eine Institution, von der möglichst wenig Gebrauch gemacht werden sollte (vgl. etwa HEUSLER: Der Zivilprozeß der Schweiz, S. 122 und DE LA GRASSERIE: De la preuve au civil et au criminel, 1912, S. 519).

[3] Vgl. KISCH: Der Gegenstand der Eideszuschiebung. Rhein. Z. XII, 400. — STEIN-JUNCKER: Grundriß des Zivilprozeßrechts[3], S. 263.

[4] Zusammenstellung des Streitstandes bis zum Jahre 1913 bei RUDOLF SCHULTZ: Rechtsgang I, 369ff.

ideologischer oder phraseologischer Theorie" verspottet worden ist[1]. WACHS Angriff richtete sich besonders gegen FRANZ KLEIN, der schon 1885 ausgeführt hatte: „Die Rechtsordnung heischt Wahrheit in allen von ihr ergriffenen Lebensbeziehungen ... Die Anstellung einer mit falschen Behauptungen begründeten Klage, das lügenhafte Bestreiten der wahren Klageangaben ist Verkümmerung des ruhigen Rechtsgenusses und damit selbst Rechtsverletzung[2]."

Das geltende deutsche Recht setzt eine Wahrheitspflicht der Parteien als Rechtspflicht nicht fest[3]. Ja, der Verhandlungsgrundsatz führt in seinen Auswirkungen dazu, die Parteien zu Verletzungen der Wahrheitspflicht zu verleiten, müssen sie doch Tatsachen, die ihnen nur von dritter Seite mitgeteilt worden sind oder deren Existenz sie lediglich vermuten, als Gegenstand eigenen Wissens vorbringen, wenn ihnen an der Berücksichtigung dieser Tatsachen gelegen ist[4].

Aus diesem Grunde wird die Parteivernehmung im deutschen Recht in der Tat einen Fremdkörper bilden, während sie sich in das österreichische Recht harmonisch einfügt. Denn in der österreichischen ZPO. von 1895 haben KLEINS Gedanken den Sieg davongetragen: Nach § 178 hat „jede Partei in ihren Vorträgen alle ... erforderlichen tatsächlichen Umstände der Wahrheit gemäß vollständig und bestimmt anzugeben", eine Bestimmung, der für einen Sonderfall durch Anordnung einer Mutwillensstrafe (§ 313) sowie allgemein durch Festsetzung einer Entschädigungspflicht wegen mutwilliger Prozeßführung (§ 408) im allgemeinen oder mutwilliger Revisionseinlegung im besonderen (§ 512) Nachdruck verliehen ist. Man halte nicht entgegen, daß diese Bestimmungen nur auf dem Papier ständen; nach der Angabe POLLAKS (Judicium I, S. 76) ist das Gegenteil richtig[5].

Übrigens darf nicht übersehen werden, daß angesichts der neueren Entwicklung des Zivilprozeßrechts auch schon de lege lata mit dem Argument einer Herrschaft der Partei über den Prozeß nur mit Vorsicht gearbeitet werden darf. Bereits durch die Neufassung der ZPO. von 1924 ist die Stellung der Parteien als domini litis wesentlich eingeschränkt. Es handelt sich dabei um eine *allgemeine* Entwicklung[6]. Hand in Hand mit der nicht zu leugnenden Zurückdrängung der Gedankengänge des Liberalismus im politischen Leben der Gegenwart — eine Entwicklung, die man bedauern mag, aber nicht übersehen

[1] Grundfragen und Reform des Zivilprozesses, S. 32.

[2] Die schuldhafte Parteihandlung, S. 127.

[3] Wie GOLDSCHMIDT (Prozeß als Rechtslage, S. 125) überzeugend dargetan hat.

[4] GOLDSCHMIDT: Prozeß als Rechtslage, S. 129.

[5] Ähnliches erstrebt SCHIFFERS Entwurf § 36.

[6] In diesen geistigen Zusammenhang gehört auch die Entscheidung RGSt. 59, 104 über Prozeßbetrug.

sollte — geht überhaupt wieder eine Stärkung der Richtermacht und eine Einschränkung der Parteien hinsichtlich der Befugnis zur Führung über den Prozeß: es braucht wohl nur an die ZPO. Sowjetrußlands[1] erinnert zu werden, um diese Entwicklungsreihe an einem Extrem zu veranschaulichen.

Man darf nicht vergessen, daß schon nach geltendem Recht infolge der Möglichkeit, einer Partei den richterlichen Eid anzuvertrauen, RICHARD SCHMIDTS Wort von dem Eid als einer der bedeutendsten Garantien der Freiheit des Bürgers gegenüber der Zivilrechtspflege[2] nicht uneingeschränkt richtig ist.

Ungewöhnliches bringt die Parteivernehmung für unser Recht auch wegen der Stellungnahme der deutschen ZPO. zum Geständnis. Würde bei uns, wie in den romanischen Rechten (art. 1354 c. c., art. 1355 c. c. it.) und im schwedisch-finnischen Prozeßrecht[3] das gerichtliche Geständnis unter dem Gesichtspunkt eines Beweismittels erscheinen, so wäre die Brücke zur Parteivernehmung viel leichter zu schlagen. Aber ein solcher Mangel an Folgerichtigkeit und innerer Harmonie des Gesetzes wird durch die oben geschilderten Vorteile einer besseren Erforschung des wahren Sachverhaltes bei weitem aufgewogen[4]. Die Prozeßpraxis allein vermag letzten Endes den Streit über den Wert einer prozessualen Vorschrift zu entscheiden: die österreichische Praxis aber hat mit der Parteivernehmung gute Ergebnisse erzielt[5].

Wenn ferner einmal von KISCH[6] gegen die Parteivernehmung ins Feld geführt worden ist, daß bei der Zeugenvernehmung der Zeuge, sobald er am Prozeßergebnis unmittelbar beteiligt ist, grundsätzlich geringere Glaubwürdigkeit genießt und unbeeidigt zu vernehmen ist, während hier unter Umständen sogar die Partei vereidigt werden soll, so entbehrt dieses Argument der Durchschlagskraft: Zeugenvernehmung und Parteivernehmung lassen sich insofern nicht vergleichen, als bei

---

[1] Vgl. dazu HANFMANN: Das Recht Sowjetrußlands, herausgegeben von MAKLEZOW, TIMASCHEW u. a., S. 440; sowie MAURACH: Z. f. Ostrecht 1928, 721. Man vergleiche auch das Lob, das A. MENGER (Das bürgerliche Recht und die besitzlosen Volksklassen[3], S. 35) von seinem Standpunkte aus der Allgemeinen Gerichtsordnung von 1793 spendet, weil sie die Parteiherrschaft so außerordentlich stark einengt.

[2] Lehrbuch des deutschen Zivilprozeßrechts, 2. Aufl., S. 543.

[3] Freiherr WREDE: Das Zivilprozeßrecht Schwedens und Finnlands, S. 230.

[4] Die Einführung der Parteivernehmung würde auch als erfreuliche Nebenwirkung die Verwertung des Wissens der nichtvertretungsberechtigten Gesellschafter der offenen Handelsgesellschaft zur Folge haben, ein Erfolg, den die herrschende Praxis bisher nicht herbeizuführen vermochte.

[5] Vgl. SCHRUTKA V. RECHENSTAMM: Grundriß des Zivilprozeßrechts, 2. Aufl., S. 231, und vor allem FRANZ KLEIN: Der Zivilprozeß Österreichs, S. 374 (ebenda S. 373 eine Statistik). Wegen der dänischen Erfahrungen vgl. unten S. 18. [6] Rhein. Z. XII, S. 399.

der Parteivernehmung ja alle Beteiligten genau wissen, daß hier eben nicht ein am Ausgang des Rechtsstreites Unbeteiligter, sondern die Partei selbst als Beweismittel benutzt wird.

Bejaht man somit die grundsätzliche Frage, ob die Parteivernehmung einzuführen sei[1], so ergeben sich hinsichtlich der Regelung der Parteivernehmung im einzelnen noch zahlreiche Schwierigkeiten. Zuzustimmen ist SCHIFFER darin, daß er in seinem Entwurf (§ 35) den Parteieid vollkommen durch die Parteivernehmung ersetzen will. Ein Nebeneinander wäre in der Tat nicht wünschenswert. Will man das zweite Rechtsinstitut, so sollte man sich zur Abschaffung des ersten ruhig entschließen.

Der Regelung bedarf insbesondere das Verhältnis der Parteivernehmung zu den anderen Beweismitteln. Hier kann das österreichische Recht vorbildlich sein, dessen § 371 Abs. II bestimmt:

„Diese Beweisführung kann auf Antrag oder von Amts wegen, jedoch nur dann angeordnet werden, wenn der Beweis weder durch die anderen von den Parteien angebotenen Beweismittel, noch durch die etwa von Amts wegen angeordneten Beweisaufnahmen hergestellt ist."

Auch für dieses Beweismittel besteht freie Beweiswürdigung[2].

Auch die japanische ZPO. von 1890, welche der deutschen ZPO. nachgebildet ist, hat den Parteieid nicht aufgenommen (während die Beeidigung der Zeugen grundsätzlich obligatorisch ist, §§ 306ff.), sondern ihn in Abkehr von ihrem Vorbilde durch eine Vernehmung der Parteien ersetzt. Diese erfolgt subsidiär auf Antrag oder von Amts wegen immer dann, wenn das Ergebnis einer Beweisaufnahme nicht genügt, das Gericht von der Richtigkeit oder Unrichtigkeit der zu beweisenden Tatsachen zu überzeugen (§ 360, zitiert nach der Übersetzung der ZPO. von KARL VOGT)[3].

Daß im Gegensatz zu diesem System der *subsidiären* Parteivernehmung das dänische Rechtspflegegesetz diese auch schon vor der Aufnahme anderer Beweise zuläßt, verdient keine Nachahmung.

Der von MUNCH-PETERSEN berichtete Erfolg: „Die Vernehmung der Partei hat sich glänzend bewährt und sich zum prinzipalen Beweismittel entwickelt"[4] [5], könnte wohl auch durch eine im Wege der Aus-

---

[1] Dafür auch HELLWIG: System des deutschen Zivilprozeßrechts I, S. 722.

[2] Diesem System folgt die ungarische ZPO. von 1911 (§ 368).

[3] Auf die Notwendigkeit einer Beschäftigung mit denjenigen Vorschriften der japanischen ZPO., die von ihrem deutschen Muster abweichen, hat PAGENSTECHER (Rhein. Z. XII, S. 125) eindringlich hingewiesen.

[4] MUNCH-PETERSEN: Haupteigentümlichkeiten der neuen dänischen Zivilprozeßordnung. Z. f. ausländ. u. internat. Privatrecht I, 226. — Günstige Beurteilung der Reform auch bei Freiherrn WREDE: a. a. O., S. 370.

[5] Daneben kennt das dänische Rechtspflegegesetz den Parteieid, aber lediglich in der Form des richterlichen Eides, der praktisch selten angewandt wird.

übung des richterlichen Fragerechts erfolgte formlose Parteivernehmung erzielt werden. Denn zwischen den Rechtsinstituten des richterlichen Fragerechts (jedenfalls in der ihm von der Praxis gegebenen Form!) und der Parteivernehmung besteht trotz aller begrifflicher Unterschiede hinsichtlich der Einwirkung auf die Überzeugung des Richters ein enger Zusammenhang[1]. Als erheblicher praktischer Unterschied ist freilich hervorzuheben, daß wohl nach allen Rechtsordnungen nur die bei der förmlichen Parteivernehmung gemachte falsche Aussage strafbar ist.

Daß jede formelle Bindung des Richters an die Parteiaussage wegfällt, ergibt sich aus den bisherigen Ausführungen von selbst. Dagegen wird es sich empfehlen, dem Richter Anweisungen dafür zu geben, *welche* Partei er vernehmen soll; das Fehlen einer solchen Vorschrift wird von den Gegnern der Parteivernehmung dazu benutzt, dem österreichischen System Willkür vorzuwerfen. In der Tat mag hier eine Anlehnung an die ungarische ZPO. zweckmäßig erscheinen. Diese macht einen Unterschied (§ 369 Abs. I und II) zwischen der *Ergänzung* des Beweises und dem Fall, „wo andere Beweismittel überhaupt nicht zu Gebote stehen." Im letzteren Fall greift das Gesetz mit Recht auf die Sätze über Beweislast zurück, indem es die Vernehmung des Gegners der beweisführenden Partei vorschreibt, es sei denn, daß dieser selbst die Vernehmung der beweisführenden Partei verlangt oder die Ablegung seiner Aussage verweigert. Bedarf es dagegen nur einer Ergänzung des Beweises, liegt also ein dem Tatbestand des § 475 der deutschen ZPO. entsprechender Fall vor, so entscheidet das Gericht nach freiem Ermessen, ob es die beweisbelastete Partei oder deren Gegner vernehmen will.

Einen Zwang, sich vor Gericht zu erklären, sollte man den Parteien nicht auferlegen. Vielmehr wäre dem Vorbild Österreichs zu folgen, dessen § 381, II ZPO. bestimmt:

„Welchen Einfluß es auf die Herstellung des Beweises habe, wenn die Partei ohne genügende Gründe die Aussage oder die Beantwortung einzelner Fragen ablehnt, wenn die zum Zwecke der unbeeideten oder beeideten Vernehmung geladene Partei nicht erscheint, oder wenn die eidliche Aussage einer Partei von den bei ihrer vorausgegangenen unbeeidigten Vernehmung abgegebenen Erklärungen in erheblichen Punkten abweicht, hat das Gericht unter sorgfältiger Würdigung aller Umstände zu beurteilen"[2].

Dagegen wird im Falle einer Einführung der Parteivernehmung als Beweismittel vor allem genau festzulegen sein, in welchem Umfang die Partei nunmehr einer Wahrheitspflicht unterliegt. Daß diese Umgrenzung gegenwärtig durch die genaue Formulierung des Eidesthemas

[1] Vgl. auch KLEIN: Zivilprozeß, a. a. O., S. 374.
[2] Ähnlich die Regelung im norwegischen Recht.

erreicht wird, muß von *diesem* Gesichtspunkt aus als ein Vorzug des Parteieides angesprochen werden. Aber es wird möglich sein, auch bei Einführung der vorgeschlagenen Reform diese Abgrenzung vorzunehmen, indem man die Befragung der Parteien zwecks Aufklärung von Unklarheiten oder zwecks Ergänzung ihres Vorbringens einerseits von der Befragung zwecks Aufklärung des Sachverhaltes unterscheidet, also gegenüberstellt die Fragen, welche auf die Feststellung der Parteibehauptungen abzielen, und diejenigen Fragen, welche auf die Feststellung von Tatsachen gerichtet sind. Das dänische Rechtspflegegesetz hat diese Unterscheidung bereits ausgesprochen[1].

Dieser Unterschied muß, gerade weil die Reform hier einen Bruch mit der Vergangenheit bringen würde, vor allem der befragten Partei deutlich gemacht werden; die von der norwegischen ZPO. von 1915[2] getroffene Regelung erscheint hier zweckmäßig. Nach dieser soll die Partei die Richtigkeit des Gesagten „auf Ehre und Gewissen bestätigen"; sie ist im Falle einer unrichtigen Aussage strafrechtlich verantwortlich[3].

Daß die Partei genau weiß, wann ihre Aussage als Beweismittel verwertet werden soll, ist unbedingt notwendig: nur so wird auf die Partei derjenige seelische Druck ausgeübt, der sie zum Aussprechen der Wahrheit veranlassen soll, und ihr gleichzeitig die Erkenntnis der in diesem Augenblicke auf ihr lastenden Verantwortung vermittelt, eine Erkenntnis, die allein die Bestrafung wegen falscher Aussage rechtfertigt. Die Bestrafung der eidlichen falschen Aussage ist nach geltendem Recht nur folgerichtig; die in den Strafgesetzentwürfen vorgesehene Bestrafung der uneidlichen falschen Aussage muß auch auf diese Fälle erstreckt werden. Auch die ausländischen Gesetzgebungen, die sich eingehender mit der Parteivernehmung beschäftigt haben, haben die Notwendigkeit einer solchen Regelung erkannt und sämtlich Strafvorschriften eingeführt. Es sei hier nur hingewiesen auf § 377 der österreichischen ZPO., wonach die von einer Partei unter Eid abgelegte Aussage, wenn sie falsch ist, der gleichen strafrechtlichen Beurteilung unterliegt, wie ein vor Gericht abgelegter falscher Eid (ähnlich die Regelung in Dänemark, vgl. MUNCH-PETERSEN: a. a. O., S. 226, und Norwegen, vgl. Freiherr WREDE: a. a. O., S. 374)[4].

---

[1] Freiherr WREDE: a. a. O., S. 368.

[2] Die neue norwegische ZPO. von 1927 konnte noch nicht berücksichtigt werden.

[3] Freiherr WREDE: a. a. O., S. 374.

[4] Ein Eingehen auf die kriminalpolitisch freilich recht zweifelhafte Frage, ob es richtig ist, daß man in demselben Augenblick, in dem man die Massenbestrafungen wegen Meineids vermeiden will, die uneidliche falsche Parteiaussage unter Strafe stellt, liegt nicht im Rahmen dieser Ausführungen. Vgl. noch oben S. 12, Anm. 2 zur uneidlichen falschen Aussage im allgemeinen.

III. Einschränkung des Zeugenbeweises zugunsten des Urkundenbeweises.

Während somit hinsichtlich der bisher berührten Fragen eine Reform durchaus zu erstreben ist, komme ich hinsichtlich der nunmehr zu erörternden Probleme zu einem anderen Ergebnis. Bei den Reformen, welche auf Einschränkung des Zeugenbeweises zugunsten des Urkundenbeweises abzielen, muß besonders sorgfältig geprüft werden, ob wirklich zu ihrer Einführung ein Bedürfnis besteht: enthalten sie doch mittelbar einen bedeutsamen Eingriff in die Regelung des ganzen rechtsgeschäftlichen Verkehrs.

Schon auf dem 33. Deutschen Juristentag (1924) hat ERNST WOLFF die Frage aufgeworfen, „ob nicht unser Recht in der Zulässigkeit des Zeugenbeweises zu weit geht" (Verhandlungen S. 313). Aber seine Andeutung wäre ebenso wie diejenige KANNS (ZZP. 49, 124) vermutlich ohne größeren Einfluß geblieben, wenn sich nicht HANS FRITZ ABRAHAM mit Lebhaftigkeit für diese Reform eingesetzt hätte[1].

Wie wenig Aussicht auf Ermittlung des wahren Sachverhaltes die Zeugenvernehmung bietet, haben die von WILLIAM STERN herausgegebenen „Beiträge zur Psychologie der Aussage", das von HANS GROSS in seinem „Handbuch für Untersuchungsrichter" gesammelte Material sowie die umfangreiche Studie von GORPHE (La critique du témoignage, Paris 1924) gezeigt. Mit Recht hat WACH (JW. 1918, 797) gelegentlich den Zeugenbeweis als den „nach Kenntnis jedes Erfahrenen schlechtesten Beweis" bezeichnet. Was ABRAHAM (a. a. O., S. 39—41) an Bedenken gegen den Zeugenbeweis zusammenstellt, ist keineswegs übertrieben.

I.

Bei dieser Sachlage ist es verständlich, daß HANS FRITZ ABRAHAM und SCHIFFER ihre (unten näher zu besprechenden) Vorschläge zur Einschränkung des Zeugenbeweises veröffentlicht haben, und daß sich bereits die in Berlin bestehende „Juristische Arbeitsgemeinschaft für Gesetzgebungsfragen" des Problems angenommen hat, indem sie ihrem für Fragen des gerichtlichen Verfahrens zuständigen II. Unterausschuß (Vorsitzender: JAMES GOLDSCHMIDT) die Frage überwies, ob sich eine Einschränkung des Zeugenbeweises und die ausschließliche Zulassung des Urkundenbeweises empfehle:

a) allgemein oder

b) wenn die Parteien für ihre Abreden die Schriftform gewählt haben,

---

[1] Vgl. insbesondere seine Abhandlung: „Von der Formenfreiheit zum Formenzwang" in ZZP. 50, 21; dort (S. 23—34) auch eine eingehende Übersicht über die Stellungnahme der Juristentage von 1864, 1872 und 1893.

c) wenn ein gesetzlicher Formzwang besteht,
d) im Verkehr zwischen Vollkaufleuten
(vgl. DJZ. 1928, 1064).

Drei Vorteile sind es vor allem, deren Erreichung ABRAHAM von der Reform erhofft: das jetzt gefährdete „sichere Funktionieren des Zivilprozesses“ werde erreicht, auf falscher Tatsachenwürdigung beruhende Fehlurteile würden vermieden, das durch die schrankenlose Zulassung des Zeugenbeweises begünstigte Überwuchern der Prozesse werde beseitigt (ABRAHAM: a. a. O., S. 34, 44). Also bessere Erforschung des wahren Sachverhaltes, Beschleunigung und Einschränkung der Prozesse, auch größere Voraussehbarkeit des Prozeßergebnisses, außerdem Entlastung Dritter von der Zeugenpflicht wird versprochen. Die Erreichung dieser Ziele ist gewiß aufs innigste zu wünschen. Aber wird die Reform dieses Ergebnis haben?

Zunächst gilt es jedoch, die Frage schärfer zu stellen, als dies bisher meist geschehen ist. Wenn ABRAHAM (a. a. O., S. 21) die Alternative: „Formenfreiheit — Formenzwang“ aufstellt, so trifft diese Formulierung zwar wirtschaftlich durchaus den Kernpunkt des Problems, läßt aber dem Irrtum Raum, daß hier § 125 BGB. eingreife, wonach der Mangel der gesetzlich vorgeschriebenen Form die Nichtigkeit des Rechtsgeschäftes zur Folge hat. In Wahrheit erstrebt die Reform aber nur die Einschränkung des Zeugenbeweises zugunsten des Urkundenbeweises (a. a. O., S. 34, 42). Es sollen also — darin stimmen sämtliche jetzt zur Erörterung stehende Vorschläge überein — nur *Beweis*vorschriften, nicht *Form*vorschriften eingeführt werden. Daß diese Unterscheidung zwischen Form- und Beweisvorschriften praktisch erhebliche Bedeutung hat, bedarf keiner näheren Darlegung: Liegt eine Formvorschrift vor, so bedeutet das nachträgliche Ausstellen einer Urkunde die Perfektion des Rechtsgeschäftes; handelt es sich nur um eine Beweisvorschrift, so bedeutet die Ausstellung der Urkunde nur, daß der Empfänger ein Beweismittel erhält. Ist nur der Zeugenbeweis ausgeschlossen, so kann der Beweis vielleicht noch auf andere Weise, etwa im Wege der Eideszuschiebung geführt werden. Bei Vorliegen eines formnichtigen Geschäftes muß die Klage sogar dann abgewiesen werden, wenn der Beklagte das Vorliegen des Konsenses an sich nicht bestreitet.

Daß diese Unterscheidung zwischen Form- und Beweisvorschriften in den romanischen Rechten oft nicht deutlich durchgeführt wird, bietet Anlaß zu vielem Streit[1], der meist dahin formuliert wird, es sei fraglich,

---

[1] Vorbildlich ist die scharfe Scheidung im brasilianischen ZGB. von 1916, wo die Überschrift zu art. 129ff. lautet: „Über die Form und den Beweis der Rechtsgeschäfte.“ In der *Theorie* der romanischen Länder wird der Unterschied ebenfalls klar erkannt (vgl. CAPITANT: Etude critique des restrictions apportées . . . à la recevabilité de la preuve testimoniale,

ob eine spezielle Gesetzesvorschrift die Form nur ad probationem oder aber ad substantiam fordere[1].

Der Wortlaut des art. 1341 c. c. („es muß eine notarielle oder privatschriftliche Urkunde errichtet werden") ist in dieser Hinsicht viel unklarer als derjenige des art. 1341 c. c. it. („der Zeugenbeweis wird nicht zugelassen"), wird aber ganz allgemein ebenfalls im Sinne einer Beweisvorschrift aufgefaßt[2].

Mit der Anerkennung des Wesens dieser Sätze als Beweissätze ist aber noch keineswegs ihre Einordnung in das Gebiet des Prozeßrechts vollzogen (wie v. TUHR: Der allgemeine Teil des Schweizerischen Obligationenrechts, S. 208, anzunehmen scheint). Vielmehr gehören diese Sätze dem materiellen Ziviljustizrecht an oder aber — wenn man diesen von JAMES GOLDSCHMIDT geprägten Begriff nicht verwenden will — sie sind dem Privatrecht zuzuweisen. Die richtige Erkenntnis dieser Beweisvorschriften ist namentlich für das internationale Privatrecht von großer praktischer Tragweite: Für die Anwendung dieser Rechtssätze ist nicht die lex fori maßgebend, sondern dasjenige Recht, das auf das materielle Rechtsverhältnis anzuwenden ist. Unterliegt also z. B. das Rechtsverhältnis dem französischen Recht, so wären die dort vorgeschriebenen Beschränkungen des Zeugenbeweises zu beachten[3].

Von den Anhängern der Reform, deren Würdigung die folgenden Zeilen gewidmet sind, wird auf das Beispiel des französischen Rechts hingewiesen und gelegentlich angedeutet, daß auch das englische Recht hier Anregungen zu bieten vermöge. Auf das englische Beweisrecht soll jedoch in den folgenden Ausführungen nicht näher eingegangen werden. Schon der Umstand, daß auch in Zivilsachen eine jury über die Frage, ob der Beweis erbracht ist oder nicht, die Entscheidung zu fällen hat, verbietet eine wirkliche Vergleichung[4]. Bemerkt sei nur noch, daß England in der Tat der Formenfreiheit ablehnender gegenübersteht als etwa das deutsche Recht: es darf hier an die Vorschriften

---

Bull. de la Société d'Etudes Législatives 1917/18, S. 201 Anm. 3, und LESSONA: Trattato delle Prove in materia civile Bd. 1, S. 4).

[1] Vgl. etwa das Urteil des französischen Kassationshofs in Rev. trim. 1926, S. 382, oder das Urteil des italienischen Kassationshofs vom 22. April 1926 in Riv. di dir. proc. civ. 1927, II, S. 100.

[2] Eine recht unklare Formulierung befindet sich auch in Art. 136 des sowjetrussischen Zivilgesetzbuchs; diese Vorschrift ist ebenfalls nicht als Form-, sondern als Beweisvorschrift aufzufassen.

[3] So schon v. BAR: v. HOLTZENDORFF-KOHLERS „Enzyklopädie der Rechtswissenschaft" Bd. 2, S. 264. — ARMINJON: Revue de Droit international privé Bd. 20, S. 494. — HEUSLER: Der Zivilprozeß der Schweiz, S. 122. — Neuestens auch KARL THEODOR KIPP: Rechtsvergleichende Studien zur Lehre von der Schlüsselgewalt, S. 24 Anm. 11 und KG in JW 1929, 448. — Anders FRANKENSTEIN: Internationales Privatrecht I, 364.

[4] Für den Strafprozeß richtig erkannt von NEUMANN: JW. 1928, 2362.

des Sale of Goods Act (s. 4) von 1893, des Statute of frauds (das freilich aus dem Jahre 1677 stammt) sowie an die zwar nicht unter den Begriff der Form zu bringenden, aber sich praktisch in derselben Richtung auswirkenden Bestimmungen über consideration erinnert werden.

II.

Dagegen wird ein Eingehen auf den französich-italienischen Rechtszustand eine gute Grundlage für die Beantwortung des von der Arbeitsgemeinschaft für Gesetzgebungsfragen aufgeworfenen Problems bieten, ob sich nämlich *allgemein* die Einschränkung des Zeugenbeweises zugunsten des Urkundenbeweises empfehle; gleichzeitig wird ein Blick auf diese Rechtsordnungen als Ausgangspunkt für eine Kritik der Vorschläge SCHIFFERS dienen.

Wenn von den Reformplänen eine Anlehnung an das französische Recht gefordert wird, so ist dabei einschränkend hervorzuheben, daß in Deutschland diese Beweisreformen sich nur auf den Zivilprozeß beschränken sollen. (Auch § 33 des Entwurfs SCHIFFERS steht in dem Abschnitt über „Bürgerliche Rechtsstreitigkeiten".) Die in Frankreich und Italien getroffene Regelung, daß die Beschränkungen der art. 1341 ff. c. c. und c. c. it. auch in Strafsachen Anwendung finden, soweit es sich um den Beweis von Willenserklärungen handelt[1], ist zweifellos fehlerhaft. Daß darunter besonders die Rechtsprechung in Unterschlagungs- und Untreuesachen leidet, bedarf keiner näheren Darlegung[2].

Eine weitere Einschränkung, über die man sich nach den deutschen Reformplänen (SCHIFFERS Entwurf §§ 33, 35; ABRAHAM: a. a. O., S. 45 Anm. 4) einig ist, liegt darin, daß sich der geplante Ausschluß des Zeugenbeweises nur auf solche Rechtsgeschäfte beziehen soll, die zwischen den Parteien abgeschlossen sind; wenn dagegen z. B. ein Makler die Provision einklagt, so würde es sich bei der Behauptung des Bestehens eines von ihm vermittelten Geschäftes um etwas rein Tatsächliches handeln und daher der Zeugenbeweis zulässig sein. Diese Ansicht wird auch in Frankreich und Italien allgemein vertreten (vgl. LESSONA: a. a. O. IV, 140). Streit herrscht hinsichtlich der Verträge zugunsten Dritter.

1. SCHIFFERS Vorschlag (§ 33):

„Streiten die Personen über die Vornahme eines zwischen ihnen oder ihren Rechtsvorgängern getätigten Rechtsgeschäftes, so kann der Beweis für die von ihnen hierüber aufgestellten Behauptungen nicht durch Zeugen erbracht werden . . ."

beschränkt sich auf den Beweis von Rechtsgeschäften, bleibt also hinter

---

[1] DALLOZ: Rép. s. v. preuve, No. 995; CHIOVENDA: Principii di diritto processuale civile[3], S. 827 Anm.

[2] Vgl. auch DE LA GRASSERIE: Rev. crit., a. a. O., S. 309.

dem französischen Vorbild zurück. Daß art. 1341 c. c., der diese Beschränkung auf toutes choses[1] erstreckt, rechtspolitisch zu tadeln ist, wird auch in Frankreich nicht verkannt (CAPITANT: a. a. O., S. 203); aber SCHIFFERS Vorschlag geht noch immer zu weit.

Eine Ausnahme müßte man jedenfalls auch hinsichtlich der stillschweigenden Willenserklärungen machen; anderenfalls würde die Praxis, welche stillschweigende Willenserklärungen in weitem Umfange zuläßt, vollkommen wertlos werden; was man mit der einen Hand gegeben hätte, würde man mit der anderen nehmen. Die Richtigkeit dieser Ausführungen ergibt sich aus einem Blick auf die romanischen Rechte. Daß in Frankreich z. B. ein mandat tacite für gültig erklärt wird, aber wenig folgerichtig dafür der Schriftbeweis gefordert wird (sogar für den Dritten, der eine Person als Vertretenen in Anspruch nehmen will![2]), ist ein abschreckendes Beispiel. Der sich hieraus ergebende Nachteil wird nicht einmal durch eine größere Rechtssicherheit aufgewogen, denn in Einzelfällen werden, dem Verkehrsbedürfnis entsprechend, von diesem Grundsatz doch wieder Ausnahmen gemacht. So hat K. TH. KIPP gezeigt, daß die französische Praxis bei der auf die Konstruktion eines mandat tacite gestützten Lehre von der Schlüsselgewalt trotz art. 1341 ff. eine Berufung auf Zeugenbeweis bzw. auf eine nicht im Gesetze enthaltene Vermutung für das Vorliegen eines mandat domestique zuläßt[3].

Ferner ist es nicht zu billigen, wenn SCHIFFERS Vorschlag sich auch auf die einseitigen Rechtsgeschäfte erstreckt. Gerade bei diesen wird sich meist ein strikter Urkundenbeweis nur schwer erbringen lassen. Mindestens müßte man also der Regelung folgen, die in Italien getroffen ist: der c. c. it. 1341 bezieht sich nur auf Verträge (convenzioni)[4].

Auch sonst würde SCHIFFERS Vorschlag weit über den in Frankreich und Italien bestehenden Rechtszustand hinausgehen, sieht doch SCHIFFER[5] (im Gegensatz zu ABRAHAM) nicht vor, die im art. 1341 c. c. und c. c. it. für den Bagatellprozeß gemachte Ausnahme zu übernehmen. Diese Ausnahme aber hat dort erhebliche Bedeutung,

---

[1] Näheres über den Inhalt dieses Begriffes bei FRAGISTAS unten S. 64 ff.

[2] Vgl. AUBRY et RAU: Cours de droit civil[5], VI, 160 und 161.

[3] Rechtsvergleichende Studien zur Lehre von der Schlüsselgewalt in den romanischen Rechten, S. 23 und 24.

[4] Im einzelnen besteht auch in Italien viel Streit. So wird von der herrschenden Lehre angenommen, die Vorschrift des art. 1341 gelte nicht für die Zahlung, diese sei nicht als convenzione im Sinne des art. 1341 anzusehen (CHIOVENDA: a. a. O., S. 830; APPELLHOF Rom in Riv. di dir. proc. civ. 1928, II, 244). Wie groß die praktische Tragweite dieser Einschränkung ist, bedarf kaum näherer Darlegung.

[5] In der Begründung seines Entwurfs erklärt SCHIFFER freilich (S. 36), man könne unter die Ausnahme des Abs. II auch Rechtsgeschäfte über einen geringwertigen Gegenstand bringen.

da für Rechtsgeschäfte bis zu 500 Fr.[1] oder 2000 Lire (der italienische Entwurf einer neuen ZPO. will noch höher gehen) die Einschränkungen nicht gelten. Die Festsetzung dieser Wertgrenze dürfte jedoch gesetzgeberische Schwierigkeiten mit sich bringen[2]. Diese Grenze muß, wenn die Reform überhaupt praktische Bedeutung haben soll, erheblich über der jetzt durch die Entlastungsverordnung für den Bagatellprozeß festgelegten Grenze von 50 RM. liegen; andererseits dürfte es jedoch zu weit gehen, wenn man die Beweisbeschränkung bis zu 500 RM. überhaupt nicht Platz greifen ließe.

Unbedingt aber bedürfte, wenn man eine solche Scheidung zwischen Bagatellprozeß und ordentlichem Verfahren vornehmen will, die Frage der Berechnung der maßgebenden Summe einer eingehenden Lösung. Am richtigsten wäre es wohl, den Streitwert des eingeklagten Anspruchs zum Ausgangspunkt zu nehmen, dabei jedoch in Abweichung vom § 5 ZPO. und im Gegensatz zu art. 1345 c. c. und c. c. it. mehrere Ansprüche dann nicht zusammenzurechnen, wenn diese auf verschiedenen Rechtsgeschäften beruhen. Das französische und italienische Recht läßt dies nur dann zu, wenn die verschiedenen Ansprüche im Wege der Rechtsnachfolge von verschiedenen Personen auf den Kläger übergegangen sind. Auch sonst wird die Berechnung sehr streng durchgeführt: Wer ursprünglich eine die Wertgrenze übersteigende Summe eingeklagt hat, darf später zum Zeugenbeweis selbst dann nicht mehr zugelassen werden, wenn er seinen Klageantrag entsprechend ermäßigt (art. 1341 c. c. und c. c. it.); ebenfalls unterliegt der Beweisbeschränkung, wer einen Teil- oder einen Restbetrag einer die erwähnte Grenze übersteigende Forderung einklagt (1344 c. c. und c. c. it.)[3].

2. Daß Ausnahmen von der Grundregel nötig sind, wird auch von SCHIFFER nicht verkannt. Daher fährt der zitierte § 33 seines Entwurfs fort:

„es sei denn, daß es sich um die Nichtigkeit oder Anfechtbarkeit des Rechtsgeschäfts handelt, oder daß die Partei infolge höherer

[1] Ursprünglich 150 Fr., dann wegen der Entwertung der französischen Währung bis auf 1000 Fr. erhöht (vgl. Rev. trim. 1926, 829; 1927, 540). Seit dem Gesetz vom 1. April 1928 beträgt die Summe 500 Fr. (vgl. Gaz. du Palais I, 1928, 1017).

[2] Ob nicht unwissende oder böswillige Beurteiler bei Einführung einer solchen Scheidung zwischen Bagatellprozeß und ordentlichem Verfahren neue Angriffe gegen die Justiz richten und sie einer plutokratischen Einstellung zeihen würden, läßt sich schwer voraussehen. Es ist, wie nicht übersehen werden sollte, ein großer Unterschied, ob eine historisch gewordene Trennung zwischen dem Verfahren für kleine Objekte und dem ordentlichen Verfahren besteht oder ob man, nachdem die letzten Prozeßreformen unter dem Zeichen einer Angleichung des Landgerichtsverfahrens an den amtsgerichtlichen Prozeß standen, nunmehr den umgekehrten Weg einschlägt.

[3] Dazu kritisch DE LA GRASSERIE: De la preuve a. a. O., S. 169.

Gewalt außerstande ist, von einer über den Abschluß ausgestellten Urkunde Gebrauch zu machen."

Aber auch hier geht SCHIFFER in der Beschränkung des Zeugenbeweises viel weiter als sein Vorbild. Denn die fast wörtlich übereinstimmenden artt. 1347 und 1348 des c. c. und des c. c. it. zählen folgende Fälle auf, in denen die Beschränkung nicht Platz greift:

a) Wenn ein Anfang des Urkundenbeweises (commencement de preuve par écrit) vorliegt.

b) Wenn es dem Gläubiger unmöglich gewesen ist, sich eine Beweisurkunde über die ihm gegenüber eingegangene Verpflichtung zu besorgen; diese Ausnahme findet Anwendung auf:

aa) alle Verpflichtungen aus Quasikontrakten (wohin Geschäftsführung und ungerechtfertigte Bereicherung gehören, 1371ff. c. c.; 1140 c. c. it.), aus Delikten und Quasidelikten[1];

bb) auf die in Zeiten der Not, insbesondere bei Bränden, Tumulten und ähnlichen Unglücksfällen erfolgten Hinterlegungen (vgl. 1864ff. c. c. it.) sowie auf gewisse Verwahrungsverträge, z. B. solche mit den Beherbergungsgastwirten und manchen Angehörigen des Verkehrsgewerbes; bei den hier unter bb) erörterten Fällen macht das Gesetz jedoch noch die Einschränkung, daß dies alles nur nach der Lage des einzelnen Falles gelte;

cc) bei Schuldverhältnissen aus Verträgen, die im Falle unvorhergesehener plötzlicher Ereignisse geschlossen werden, wo man den Umständen nach keine schriftlichen Akte errichten konnte;

dd) wenn der Gläubiger die Beweisurkunde infolge eines auf höherer Gewalt beruhenden Ereignisses verloren hat[2].

Daß es sich hier um eine verwirrende Kasuistik handelt, dürfte nicht zu bestreiten sein. Entscheidend für den Erfolg eines Gesetzes und damit Grundlage für seine Beurteilung ist aber die Art und Weise, wie es in der Praxis gehandhabt wird. Die Praxis hat die gesetzlichen Vorschriften über die Zulässigkeit des Zeugenbeweises für den Fall des Vorhandenseins eines Anfangs des Urkundenbeweises und für den Fall der Unmöglichkeit des Urkundenbeweises sehr ausgedehnt.

Nach art. 1347 II des französischen und des italienischen Gesetzbuches soll ein Anfang des Beweises dann vorliegen, wenn ein schriftlicher Akt des Gegners des Beweisführers „ou de celui qu'il représente" beigebracht wird, der die behauptete Tatsache wahrscheinlich

---

[1] Diese Ausnahme hat nur im französischen Recht Sinn, da sich dort ja die Beschränkung nicht nur auf Verträge bezieht; im italienischen Recht beruht sie auf einer gedankenlosen Nachahmung des Vorbildes.

[2] So übrigens schon JUSTINIAN im C. IV, 20, 18. Praktisch bedeutsam ist, daß diese Bestimmung besonders auf Testamentsurkunden angewandt wird (vgl. Urteil des französischen Kassationshofs bei DALLOZ P. 1926, S. 30

macht[1]. Man muß also glauben, daß der Kläger wenigstens ein von den genannten Personen eigenhändig unterschriebenes Schriftstück vorzulegen habe. Dies ist jedoch nicht zutreffend. Die französische und die italienische Praxis hat zunächst einmal, was ja sehr nahe liegt, den Fall hinzugefügt, daß das Schriftstück ausgeht von einem der Vertreter des in Anspruch Genommenen. Weiter aber hat die französische Rechtsprechung es für unnötig erklärt, daß das als Anfang des Urkundenbeweises dienende Schriftstück unterzeichnet sei[2]. Es braucht sich ferner nicht um eine zu Beweiszwecken errichtete Urkunde zu handeln, sondern es genügen z. B. auch schriftsätzliche Anführungen der einen Partei in einem anderen Prozeß[3]. Am weitesten aber hat sich die Rechtsprechung vom Gesetz dadurch entfernt, daß sie folgendermaßen argumentierte: Der Grund dafür, daß bei Vorliegen eines commencement de preuve par écrit die übrigen Tatsachen durch Zeugen bewiesen werden dürfen, sei darin zu sehen, daß in diesem Anfangsbeweis ein „demi-aveu" liege. Ein solches müßte wegen Gleichheit des Rechtsgrundes folglich stets, d. h. auch dann genügen, wenn zwar der Tatbestand des art. 1347 nicht gegeben sei, aber sonst ein demi-aveu vorliege (vgl. die Darlegungen von DE LA GRASSERIE: Rev. crit., a. a. O., S. 549).

Hierher rechnet man u. a. die Erklärungen, die eine Partei vor dem Untersuchungsrichter in einer Strafsache abgegeben hat[4] sowie die Einlassung einer Partei vor dem Prozeßgericht (DE LA GRASSERIE: Rev. crit., a. a. O., S. 549). Strenge Anforderungen an den Begriff des demi-aveu werden dabei nicht gerade gestellt; es genügt schon, wenn der Gegner widerspruchsvolle Antworten abgibt. „Es genügt fast, daß er errötet!" spottet DE LA GRASSERIE (Rev. crit., a. a. O., S. 551)[5].

Noch größer wird die Rechtsunsicherheit durch die weite Ausdehnung, welche die Rechtsprechung der Bestimmung des art. 1348 c. c. und c. c. it. gegeben hat, wonach der Zeugenbeweis zulässig ist, sofern es unmöglich für den Gläubiger war, sich eine Beweisurkunde zu verschaffen.

---

[1] In einem Vergleich zwischen dem französischen und dem englischen Zivilprozeß bezeichnet A. C. WRIGHT (Law Quarterly Review 1926, S. 341) diesen „Beweis" als *prima facie* but insufficient written evidence.

[2] Französischer Kassationshof vom 7. Dezember 1926 (Dalloz Rec. hebd. 1927, S. 2). Außerordentlich weit geht ein Urteil in Rev. trim. 1926, 410: Ein Postanweisungsabschnitt kann als Anfang des Urkundenbeweises *gegen* den Einzahler Verwendung finden.

[3] DALLOZ: c. c. annoté[24], Anm. 10 zu art. 1347.

[4] DALLOZ: a. a. O., Anm. 11 zu art. 1347.

[5] Im italienischen Schrifttum wird vielfach unter Hinweis auf die Definition in art. 175 c. c. it. ebenfalls eine weite Auslegung des Begriffs principio di prova per iscritto vertreten (vgl. LESSONA: a. a. O. IV, 142ff.).

Obwohl die vom Gesetzgeber in art. 1348 aufgezählten Fälle sämtlich von einer materiellen Unmöglichkeit handeln, hat die Rechtsprechung die Fälle sog. moralischer Unmöglichkeit dem gleichgestellt und von diesem Grundsatz sehr oft, insbesondere für die Geschäfte des täglichen Lebens, Gebrauch gemacht. Wann eine solche moralische Unmöglichkeit vorliegt, ist nicht immer leicht zu sagen. Daß der Arzt, der seine Krankenbesuche[1], oder die Frau, die den Empfang der Mitgift seitens des Mannes beweisen muß[2] [3], sich in dieser Lage befinden, wird allgemein einleuchten. Angesichts dieser Rechtsprechung versteht man es freilich nicht, daß der französische Kassationshof in zwei Entscheidungen bei der Schadenersatzklage der verlassenen Braut den Nachweis des Heiratsversprechens durch Schriftform hat fordern können. (Richtiger die italienische Rechtsprechung; vgl. LESSONA: a. a. O. IV, 173.) Der Unsicherheitsfaktor, der durch diesen Begriff der moralischen Unmöglichkeit in das ganze Beweisrecht hineingetragen wird, wird besonders groß dadurch, daß schon das bloße Bestehen einer auf lediglich mündlichen Abschluß des Vertrages gerichteten Verkehrssitte zur Begründung einer moralischen Unmöglichkeit ausreichen soll. Dies ist ausgesprochen z. B. für den Kauf auf dem Markt[4] oder für den Fall, daß der Schneider den Maßanzug an den Kunden abliefert, oder daß der Monatslohn an die Hausangestellten gezahlt worden ist (vgl. die Zusammenstellung in Rev. trim. 1927, 457). Besonders weit geht in dieser Richtung ein im Schrifttum gebilligtes Urteil der Cour de Douai, das in der Rev. trim. 1927, 988 besprochen ist: Ein Grundstückseigentümer überträgt einem Bauunternehmer Arbeiten ohne erhebliche Bedeutung, die aber immerhin die Wertgrenze überschreiten. Das Gericht ist der Meinung, daß hier nach der Verkehrssitte ein schriftlicher Vertrag nicht abgeschlossen zu werden brauchte, und daß daher eine moralische Unmöglichkeit vorliege. Wenn man, obwohl die Wertgrenze des c. c. überschritten ist, mit Rücksicht auf die geringe Bedeutung des Geschäftes eine auf Nichtabschluß in schriftlicher Form gerichtete Verkehrssitte als vorhanden anerkennt und darum den Zeugenbeweis zuläßt, so fehlt es an jeder festen Regel.

3. Vor derartigen Mißständen würde auch Deutschland bei Einführung der Reform nicht bewahrt bleiben. Insbesondere vermag SCHIFFERS Vorschlag (§ 33 II), wonach die Einschränkung nicht anwendbar ist „auf diejenigen durch Ausführungsverordnungen zu bezeichnenden Geschäfte, die nach der Verkehrssitte mündlich abgeschlossen zu werden

---

[1] DALLOZ: a. a. O., Anm. 3, 6 zu art. 1348.

[2] DALLOZ: ebenda.

[3] In beiden Fällen hat die italienische Rechtsprechung die gleiche Auffassung (vgl. LESSONA: a. a. O. IV, 171).

[4] DALLOZ: a. a. O., Anm. 11 zu art. 1348.

pflegen", nicht zu befriedigen. Daß die Liste durch Ausführungsverordnung, nicht durch Gesetz festgestellt werden soll, mag vom Standpunkt einer Rationalisierung der Gesetzgebung aus als zweckmäßig erscheinen und steht im Einklang mit manchen in der staatsrechtlichen Reformliteratur geäußerten Wünschen. Aber die Aufstellung einer solchen Liste dürfte zu einer ermüdenden Kasuistik führen. Soll man künftig vor Abschluß eines jeden Geschäftes erst in dem Index nachblättern, um festzustellen, ob das Rechtsgeschäft unter die Verordnung fällt? Die Zahl der in das Verzeichnis aufzunehmenden Geschäfte dürfte so groß sein, daß die von der Reform erstrebte Einschränkung der Zeugenvernehmungen kaum erreicht werden würde. Die Unsicherheit ferner darüber, ob die ständig sich fortentwickelnde Verkehrssitte nunmehr eine neue Gattung von Rechtsgeschäften erfaßt hat und daher jetzt auch für diese der Zeugenbeweis zulässig ist, wird die erstrebte größere Berechenbarkeit des Prozeßausganges verhindern.

4. Diese Bedenken richten sich nicht nur speziell gegen SCHIFFERS Vorschlag, sondern zwingen meines Erachtens zur Verneinung der Frage, ob *allgemein* die Einschränkung des Zeugenbeweises ratsam sei. In diesem Zusammenhang darf nicht übersehen werden, daß der wahre Grund für die Beschränkung der Zulässigkeit des Zeugenbeweises durch die Ordonnance de Moulins von 1566 (auf welche art. 1341 c. c. zurückgeht) nicht in dem Mißtrauen gegen die Zulässigkeit des Zeugenbeweises, sondern vielmehr in den Schwierigkeiten lag, welche der Zeugenbeweis im Verfahren vor dem Pariser Parlament verursachte (CHIOVENDA: a. a. O., S. 828). „Pour obvier", heißt es in art. 54 der erwähnten Ordonnance, „à la multiplication de faits que l'on a vu cidevant être mis en avant en jugement, sujets à preuve de témoins et reproche d'iceux" (zitiert bei CAPITANT: a. a. O., S. 192). Erst später werde es üblich, als Grund der Reform die geringe Zuverlässigkeit dieses Beweismittels anzuführen (CHIOVENDA: a. a. O., S. 829).

Gewiß ist der gegenwärtige deutsche Rechtszustand in mancher Hinsicht unbefriedigend. Aber auch die von den Reformfreunden als erstrebenswert hingestellte Regelung findet in Frankreich und Italien, wo sie praktisch verwirklicht ist, vielfach eine herbe Kritik. So kommt CHIOVENDA nach einer sorgfältigen Abwägung der für und wider die Zulassung des Zeugenbeweises sprechenden Gründe zu einer Ablehnung des italienischen Systems (a. a. O., S. 828, 829), so bekennt sich LESSONA (a. a. O. IV, 66) als Anhänger einer erweiterten Zulassung des Zeugenbeweises, so äußern in Frankreich DE LA GRASSERIE (De la preuve, S. 552, 597) sowie die bei COLIN et CAPITANT (Cours élémentaire de droit civil[3] II n. 1 zu S. 222) zusammengestellten Schriftsteller den Wunsch nach einer Aufhebung der Beweisbeschränkungen. Vor allem aber geben die französischen und italienischen Gerichte deutlich zu erkennen, daß sie diese Beweisvorschriften tadeln[1]. Und diese Tendenz wächst fortgesetzt. Man braucht nur CROME (Handbuch des französischen Zivilrechts IV, 605) mit der älteren französischen Rechtsprechung einzusehen, um zu erkennen, wieviel leichter die französische Rechtsprechung heute den Zeugenbeweis zuläßt als um die Jahrhundertwende. Wie eifrig die Praxis in Frankreich und Italien sich bemüht, den Zeugenbeweis möglichst weitgehend zuzulassen[2], zeigt sich vor allem darin, daß sie stillschweigende Vereinbarungen über die Zulässigkeit des Zeugenbeweises in weitem Umfange anerkennt. Dies hängt mit der französisch-italienischen Auffassung zusammen, welche Verträge über die Beweisführung zuläßt[3], eine Ansicht, die bekanntlich in Deutschland von der mit Recht herrschenden Lehre abgelehnt wird[4].

Nicht einmal aus dem Gesichtspunkt einer Verletzung des ordre public hat man gegen solche Parteivereinbarungen Bedenken, sondern man erklärt, das Gesetz habe diese Vorschriften im ausschließlichen Interesse der Parteien, nicht im Interesse der öffentlichen Ordnung getroffen[5].

Von dieser grundsätzlichen Zulässigkeit eines Beweisführungsvertrages aus wird es der französischen Rechtsprechung nicht schwer, eine stillschweigende Vereinbarung über die Zulässigkeit des Zeugenbeweises anzunehmen. Wie die deutsche Rechtssprechung sich gelegentlich mit der Annahme stillschweigender Vereinbarungen zu helfen suchte und sucht, um zu einem brauchbaren Ergebnis zu gelangen[6], so liegt es offensichtlich auch in Frankreich: Um des erwünschten Zieles willen wird im Wege der Auslegung des Parteiwillens eine solche Abrede festgestellt, ehrlicher gesagt: fingiert. DÉMOGUE, der die Bedeutung der Auffassung rühmend hervorhebt, daß Vereinbarungen über die Beweisführung nicht ausdrücklich zu sein brauchten, erkennt durchaus richtig die darin liegende Gefahr: daß nämlich die Praxis diese Lösung dazu

---

[1] NORDEN: Handbuch der Rechtsverfolgung in Belgien (S. 183) scheint freilich hinsichtlich der belgischen Gerichte auf anderem Standpunkt zu stehen. Ob aber seine Beobachtungen zutreffend sind, mag Bedenken unterliegen, stellt er doch für Deutschland die überraschende Behauptung auf (S. 195): „Beinahe alle Beweisverfahren gehen mit auferlegten und abgeschworenen Eiden aus.“

[2] Vgl. DÉMOGUE in Rev. trim. 1927, 897. — DE LA GRASSERIE: De la preuve, a. a. O., S. 551. — Wegen der italienischen Gerichte vgl. CARNELUTTI in Riv. di dir. proc. civ. 1927, II, 3.

[3] Dazu NEUNER: Privatrecht und Prozeßrecht, S. 187.

[4] Vgl. statt aller HELLWIG: System des deutschen Zivilprozeßrechts I, 673, und KLEINFELLER: Prozeßherrschaft (ZZP. 53, 10).

[5] CAPITANT: a. a. O., S. 197 und 198. Ebenso Urteil des italienischen Kassationshofs vom 15. November 1925 (Z. f. ausländ. u. internat. Privatrecht I, 124); anders LESSONA: Bd. 4, S. 199.

[6] Vgl. dazu etwa die treffende Kritik JUNGS: Rechtsregel und Rechtsgewissen. Arch. f. ziv. Praxis 118, 64ff.

verwende, die gesetzlichen Vorschriften über die Beweisaufnahme in ihr Gegenteil zu verkehren[1].

Alle diese Erfahrungen lassen eine Einführung des französischen Systems wenig rätlich erscheinen.

5. Zugunsten dieses Ergebnisses, daß also eine *generelle* Einschränkung des Zeugenbeweises nicht wünschenswert ist, sprechen auch die in der Schweiz und in Holland gemachten Erfahrungen. In der Schweiz hat man sich 1907 nach sorgfältiger Prüfung entschlossen, entgegen dem in den welschen Kantonen bisher geltenden Recht den Zeugenbeweis uneingeschränkt zu gestatten und hat daher in Art. 10 ZGB. bestimmt:

„Wo das Bundesrecht für die Gültigkeit eines Rechtsgeschäftes keine besondere Form vorsieht, darf das kantonale Recht auch für die Beweisbarkeit des Rechtsgeschäftes eine solche nicht vorschreiben."

Bemerkenswert ist, daß auch das niederländische Recht kürzlich gerade die umgekehrte Entwicklung durchgemacht hat, welche die Anhänger der Reform für das deutsche Recht erstreben. Das Burgerlijk Wetboek von 1838 enthielt bis zur Reform von 1923 im wesentlichen den Vorschriften des französischen Rechts entsprechende Bestimmungen. Insbesondere war nach art. 1933 der Zeugenbeweis ausgeschlossen, wenn es sich um den Beweis eines Rechtsgeschäftes im Werte von über 300 fl. handelte[2]. Das Gesetz vom 22. Juni 1923 hat mit Rücksicht auf die sich ergebenden Mißstände diesen Rechtszustand geändert, indem es den art. 1933 aufhob.

Aber ganz abgesehen von dieser Entwicklung ausländischer Rechtsordnungen sollte nicht übersehen werden, daß manche Schwierigkeiten, welche die Formvorschriften des deutschen bürgerlichen Rechts mit sich gebracht haben, auch bei dem einzuführenden mittelbaren Formzwang auftreten würden. Wenn sich ABRAHAM (a. a. O., S. 34f.) gegen die Heranziehung des § 313 BGB. wehrt, so wird man ihm darin mit Rücksicht auf die anormalen Verhältnisse bei den Schwarzkäufen beipflichten müssen. Aber zu welchen Schwierigkeiten auch in normalen Zeiten Formvorschriften führen, und welche Quelle von Prozessen die dabei entstehenden Rechtsfragen sind, zeigt deutlich der § 566 BGB.[3].

III.

Zu untersuchen ist nunmehr die von der Juristischen Arbeitsgemeinschaft für Gesetzgebungsfragen aufgeworfene zweite Frage, ob sich die ausschließliche Zulassung des Urkundenbeweises wenigstens für diejenigen Fälle empfehle, wo die Parteien für ihre Abreden die Schrift-

---

[1] Rev. trim. 1926, 766.

[2] Über den früheren art. 1934 vgl. unten S. 34 Anm. 1.

[3] Vgl. dazu neuestens LIPPMANN: Die Schriftform bei Miet- und Pachtverträgen. Gruch Beitr. Bd. 70, S. 169, 1928.

form gewählt haben oder wo ein gesetzlicher Formzwang besteht. Dem entspricht etwa § 34 von SCHIFFERS Entwurf.

„Streiten die Parteien über den Inhalt eines zwischen ihnen oder ihren Rechtsvorgängern getätigten Rechtsgeschäftes, über das eine Urkunde errichtet ist, so kann der Beweis über die von ihnen hierüber aufgestellten Behauptungen durch Zeugen nur insoweit erbracht werden, als diese Behauptungen nicht im Widerspruch zum Inhalt der Urkunde stehen."

Diese Regel würde praktisch den Beweis durch Zeugen insbesondere in folgenden Fällen ausschließen:

1. wenn die Urkunde nicht vorgelegt werden kann (soweit nicht die §§ 427, 444 ZPO. eingreifen),
2. wenn Abreden geltend gemacht werden, die zur Entkräftung des Urkundeninhaltes dienen sollen,
3. wenn Nebenabreden behauptet werden, die an sich rechtsgültig sind,
4. wenn angeblich nachträglich Abmachungen getroffen sind, welche das urkundlich Niedergelegte abändern.

1. Betrachten wir zunächst den Fall, daß die Urkunde nicht vorgelegt werden kann. Nach geltendem Recht kann in Deutschland im Falle des Unterganges der Urkunde mit allen zulässigen Beweismitteln nachgewiesen werden, daß eine Urkunde vorhanden gewesen sei, daß sie den etwaigen Formerfordernissen entsprochen und daß sie einen bestimmten Inhalt gehabt habe.

Selbst für Testamente, wo diese Frage besonders bedeutsam wird und z. B. in der Schweiz (ZGB. Art. 510) speziell geregelt ist, macht das deutsche Recht keine Ausnahme (vgl. v. STAUDINGER-HERZFELDER: Kommentar zum BGB.^{9}, Anm. IIIb zu §§ 2252—2257).

Im Gegensatz dazu würde nach der Reform grundsätzlich diese Möglichkeit ausgeschlossen sein, es sei denn, daß der vorhin erörterte Fall des auf höherer Gewalt beruhenden Verlustes der Urkunde vorliegt. Insoweit erscheint die Reform durchaus begrüßenswert, jedoch taucht sogleich ein anderes Bedenken auf: hat der Fall, daß die Urkunde infolge Verschuldens des Beweispflichtigen nicht vorgelegt werden kann, wirklich so große praktische Bedeutung, daß sich ein Eingreifen des Gesetzgebers rechtfertigt?

2. Die vorgeschlagene Einschränkung reicht aber erheblich weiter; sie würde etwa hinauslaufen auf die Regelung des art. 1341 c. c.: „Ohne Rücksicht auf den Wert des Objektes ist der Zeugenbeweis weder zur Entkräftung noch zur Ergänzung eines urkundlich errichteten Geschäftes zulässig, auch nicht in Ansehung dessen, was angeblich vor oder bei der Aufnahme der Urkunde erklärt worden ist"[1]. Dieser Vorschrift,

[1] Über das weiter im Gesetz enthaltene Verbot des Zeugenbeweises hinsichtlich dessen, was nach Abschluß des Geschäfts abgemacht sein soll,

für die sich Parallelen bereits im römischen Recht finden (vgl. LESSONA: a. a. O. IV, 1177) entspricht fast wörtlich die Regelung des art. 1341 c. c. it.[1].

Bei der Beurteilung ist zunächst zu berücksichtigen, daß sowohl nach französischem wie nach italienischem Recht die Vorschriften der art. 1347, 1348 auch auf diesen Fall Anwendung finden; insbesondere ist also der Beweis gegen den Urkundeninhalt oder zur Ergänzung des Urkundeninhaltes stets dann zulässig, wenn ein commencement de preuve par écrit vorliegt oder wenn es unmöglich war, sich für die zu beweisenden Tatsachen einen Schriftbeweis zu besorgen, sowie in Handelssachen. Ebenso ist die Rechtslage im holländischen Recht, wo übrigens das Verbot, zur Entkräftung oder Ergänzung des urkundlich Niedergelegten durch Zeugen Beweis zu führen, in Rechtsstreitigkeiten über einen *Arbeitsvertrag* keine Anwendung findet (art. 1940).

Da die deutschen Reformvorschläge für den Fall des commencement de preuve keine Ausnahme vorsehen, würde das deutsche Recht in der Einschränkung des Zeugenbeweises erheblich weitergehen als alle anderen Länder.

Aber auch hier zeigt sich wieder die Richtigkeit des Satzes, daß es nicht genügt, Gesetzesparagraphen miteinander zu vergleichen, denn Rechtsprechung und Rechtslehre in Frankreich und Italien haben den Grundsatz der Unzulässigkeit des Zeugenbeweises noch erheblicher eingeschränkt. Vor allem darf mittels Zeugenbeweises festgestellt werden, in welchem Sinne die Parteien den objektiv mehrdeutigen Akt aufgefaßt haben, so die französische und die italienische Praxis (vgl. auch LESSONA: IV, 130)[2].

Aber die Einschränkung des scheinbar so lückenlosen Satzes geht noch weiter: Beweis führen zur Entkräftung eines Aktes heißt den Nachweis führen, daß die Ausdrücke dieses Aktes nicht der Wahrheit entsprechen. Unter den Wortlaut des Verbotes fällt also auch die Geltendmachung eines Irrtums (mag er ohne, mag er auf Grund arglistiger Täuschung entstanden sein) und die Geltendmachung der Simulation.

---

vgl. unten S. 39. Das im Gesetz enthaltene Verbot, durch Zeugen Abreden zu beweisen, die angeblich vor, bei oder nach der Errichtung des Aktes getroffen sein sollen, ist zum Teil eine überflüssige Wiederholung (CAPITANT: a. a. O., S. 223), da ja die beiden ersten Fälle schon von dem Verbot betroffen werden, zur Ergänzung oder zur Entkräftung eines urkundlich errichteten Geschäfts Beweis durch Zeugen zu führen.

[1] Mit dieser Regelung stimmt überein art. 2507, 2508 des portugiesischen c. c. von 1867 und art. 1934 des niederländischen Burgerlijk Wetboek in der Fassung vor der Reform von 1923.

[2] Vergleichbar damit ist die deutsche Stellungnahme zur Auslegung formbedürftiger Rechtsgeschäfte, mit deren Hilfe man ja insbesondere dahin kommt, selbst bei dem Formzwang unterliegenden Geschäften eine falsa demonstratio für unschädlich zu erklären (vgl. etwa RGZ. 109, 336: Falsa demonstratio beim Verkauf eines Grundstückes).

Würde man wirklich für den Nachweis der tatsächlichen Behauptungen, daß Irrtum oder Simulation eingreife, den Zeugenbeweis ausschließen, so würde man, was näherer Darlegung wohl nicht bedarf, diese materiellen Rechtsbehelfe praktisch nahezu beseitigen. Aber dieses Ergebnis hat die französische Praxis natürlich nicht gewollt; sie hat daher ohne näheren Anhalt im Gesetz für Irrtum und arglistige Täuschung den Zeugenbeweis zugelassen (CAPITANT: a. a. O., S. 221 Anm. 1). In Italien, wo dieselbe Ansicht allgemein vertreten wird (LESSONA: IV, 129), sucht man sie darauf zurückzuführen, daß hier ja nicht der Inhalt der Urkunde, sondern die Rechtswirksamkeit der abgegebenen Erklärungen bekämpft werde. Hinsichtlich der Geltendmachung des Umstandes, daß es sich um ein Scheingeschäft handle, wird unterschieden, ob die Simulation seitens eines der Kontrahenten (bzw. seiner Rechtsnachfolger) oder aber seitens Dritter vorgebracht wird. Die Nicht-Partei kann sich sämtlicher Beweismittel bedienen (ebenso in Italien, LESSONA: IV, 124). Aber sogar den Parteien selbst steht mit Rücksicht auf den ordre public jedes Beweismittel frei, wenn die Simulation eine Gesetzesumgehung (fraude à la loi) zu verdecken bezweckte.

Mit Rücksicht auf diese Rechtsprechung ist das Anwendungsgebiet des Rechtssatzes, daß zum Nachweis der Simulation seitens der Parteien der Zeugenbeweis ausgeschlossen sei, recht gering; denn das Scheingeschäft verfolgt ja meist das Ziel, ein gesetzliches Verbot oder Gebot zu umgehen. Angesichts der weiten Ausdehnung, welche die romanische Rechtsprechung dem Begriff der fraude à la loi zu geben pflegt, würden etwa die ganzen „Schwarzkäufe" darunter fallen.

Wie stark das Bedürfnis nach einer Einschränkung des strikten Verbotes ist, zeigt am deutlichsten der Umstand, daß moderne romanische Gesetze solche Einschränkungen sofort vorgesehen haben; diesem Beispiel müßte bei einer Reform des deutschen Rechtes gefolgt werden, wenn man nicht eine große Rechtsunsicherheit heraufbeschwören und Stoff zu endlosen Kontroversen geben will. Erwähnt sei, daß die 1916 erfolgte Neufassung des Gesetzbuches von Venezuela, das sich im übrigen sehr eng an die art. 1341 ff. des c. c. und c. c. it. anschließt, den Zeugenbeweis ausdrücklich (art. 1420) für die von der französischen Rechtsprechung herausgearbeiteten Fälle gestattet.

Auch das portugiesische Gesetzbuch vom 1. Juli 1867, dessen art. 2506 den Zeugenbeweis grundsätzlich uneingeschränkt zuläßt, ihn aber zur Entkräftung oder Ergänzung des Urkundeninhaltes ausschließt, muß von letzterer Ausschließung wieder Ausnahmen machen, sofern die Akte wegen Irrtums, arglistiger Täuschung oder Zwanges angefochten werden (art. 2507 ff.)[1].

[1] Die in dem Gesetzbuch zwischen den einzelnen Arten von Urkunden gemachten Unterschiede sind im vorliegenden Zusammenhang ohne Inter-

Mit Recht sieht auch SCHIFFERS Entwurf (§ 33) eine Ausnahme für den Fall vor, „daß es sich um die Nichtigkeit oder Anfechtbarkeit des Rechtsgeschäftes handelt".

3. Da also gerade für die in der Praxis häufigsten Fälle der Zeugenbeweis doch wieder zulässig sein würde, so würde die Reform eine erhebliche praktische Bedeutung wohl nur insofern haben, als sie zu einem Verbot des Zeugenbeweises hinsichtlich der außerhalb des urkundlich Niedergelegten getroffenen Nebenabreden führt. Dieses französisch-italienische Verbot hat auch das Burgerlijk Wetboek bei der Reform von 1923 beibehalten. Aber gerade mit diesem Verbot hat man bereits trübe Erfahrungen gemacht.

a) Eine ähnliche Vorschrift hatte nämlich schon das preußische Allgemeine Landrecht. So heißt es in § 127 I 5: „Ist ein Vertrag schriftlich geschlossen worden, so muß alles ... bloß nach dem schriftlichen Kontrakte beurteilt werden", und in § 128 I 5: „Auf vorgeschützte mündliche Nebenabreden wird, ohne Unterschied des Gegenstandes, keine Rücksicht genommen." Im Anschluß daran bestimmte das österreichische Allgemeine BGB. in seinem (später aufgehobenen) § 887:

„Wenn über einen Vertrag eine Urkunde errichtet worden, so ist auf vorgeschützte mündliche Verabredungen, welche zugleich geschehen sein sollen, aber mit der Urkunde nicht übereinstimmen oder neue Zusätze enthalten, kein Bedacht zu nehmen."

Die Erfahrungen, die man in Österreich mit dieser Bestimmung gemacht hat, sind nicht gut. Sie wurde dahin ausgelegt, daß mündlich getroffene Verabredungen zu berücksichtigen seien, wenn sie nur zur Erläuterung des wahren Sinnes der Vertragsurkunde dienen sollen oder wenn sie nachweisen sollten, daß die in der schriftlichen Urkunde enthaltenen Abreden nur zum Schein oder infolge Irrtums getroffen worden waren (vgl. STUBENRAUCHS Kommentar zum ABGB. 7. Aufl. Anm. 2, 3, 4 zu § 887)[1].

Ja, man ging vielfach noch weiter. Als wie lästig dieser Zwang empfunden wurde, zeigt der Umstand, daß trotz des eindeutigen Gesetzwortlautes nach EHRENZWEIG (System des österreichischen allgemeinen Privatrechts [2] II 1, 155) „von manchen Schriftstellern behauptet und in vereinzelten Entscheidungen anerkannt" worden ist, eine mündliche Abrede gelte neben dem schriftlichen Vertrage schon dann, wenn das

---

esse. — Eine ähnliche Ausnahme wie das portugiesische Gesetzbuch sieht die bulgarische Prozeßordnung von 1891 vor (vgl. SCHÖNDORF: Einführung in das geltende slawische Recht I, 232).

[1] Auch die erwähnte Bestimmung des ALR. wurde dahin aufgefaßt, sie gelte nur für „ergänzende Abreden", nicht für Abreden, „welche mit dem Inhalt der Schrifturkunde in Widerspruch stehen" (DERNBURG: Lehrbuch des preußischen Privatrechts I[5], S. 209).

die Parteien so gewollt haben. Obwohl somit von der Einschränkung des Gesetzes nicht viel übrig blieb, sah sich doch der Gesetzgeber genötigt, einzugreifen und den § 887 aufzuheben (§ 95 der dritten Teilnovelle von 1916).

Der Bericht der Herrenhauskommission (v. SCHEY) über die „Gesetzesvorlage, betreffend die Änderung und Ergänzung einiger Bestimmungen des allgemeinen bürgerlichen Gesetzbuchs" (Beil. zu den stenogr. Protokollen über die Sitzungen des Herrenhauses, XXI. Session), auf den die Teilnovellen zurückgehen, bemerkt dazu (S. 147):

„Tatsache ist, daß § 887 immer wieder zu dem Versuche mißbraucht wird, berechtigte Einwendungen gegen Vertragsansprüche abzuschneiden oder ihrer endlichen Anerkennung Schwierigkeiten zu machen."

b) Diese Spuren schrecken. Sollen wir wirklich einen Rechtssatz ähnlich dem § 887 einführen, ähnlich also einer Vorschrift, die in den 100 Jahren ihrer Anwendung nach dem Zeugnis EHRENZWEIGS (a. a. O. II 1 154) „wie keine andere Lug und Trug befördert hat"?

Demgegenüber verdient das deutsche System den Vorzug. Hier besteht keine gesetzliche Regelung, aber eine feste Praxis geht von der tatsächlichen Vermutung der Richtigkeit und Vollständigkeit des urkundlich Niedergelegten aus[1].

Diese Vermutung stützt sich auf die Lebenserfahrung, daß meist (wenngleich nicht immer) die Parteien in der Urkunde den Inhalt ihrer Vereinbarungen abschließend wiedergeben wollten. Damit ist zugleich die Grenze angedeutet, welche gewahrt werden muß. Ergibt sich im Einzelfalle, daß die Parteien das Weitergelten einer nicht in die Urkunde aufgenommenen Abrede wollten, oder daß sie jedenfalls negativ der Urkunde nicht einen ausschließlichen Charakter beilegen wollten, so muß die Nebenabrede (sofern sie nicht etwa wegen Formmangels ungültig ist) berücksichtigt werden. Eine gute Formulierung findet sich in § 742 des Entwurfes eines ungarischen BGB.:

„Ist der Vertrag in eine Urkunde gefaßt, so ist eine in diese nicht aufgenommene frühere oder gleichzeitige mündliche Vereinbarung nur insofern wirksam, als sie zur Auslegung der Urkunde dient, oder als die Parteien sie bei der Ausstellung der Urkunde auch dieser gegenüber aufrechterhalten wollten."

Die deutsche Praxis ist elastisch genug, um auch dem praktisch häufigen Fall, daß vorgedruckte Urkunden (Bestellscheine, Versicherungsbedingungen) verwendet worden sind, gerecht zu werden. Die von EHRENZWEIG hervorgehobene Tatsache: „Die Vertragsurkunde enthält Klauseln, von denen mit keiner Silbe die Rede war, dafür fehlen die

[1] Vgl. RGZ. 52, 25; 103, 157 mit weiteren Nachweisungen. — GOLDSCHMIDT: Zivilprozeßrecht, S. 95. — v. STAUDINGER-RIEZLER: Komm. zum BGB., 9. Aufl., Anm. 5 zu § 125.

besonderen Abmachungen, die soeben getroffen worden sind" (EHRENZWEIG: a. a. O. II, 1, 156), wird von der deutschen Praxis berücksichtigt, ist aber auch z. B. in Italien[1] und der Schweiz bekannt. So hebt BECKER (in Gmürs Kommentar, Anm. 4 zu Art. 16 Obl. R.) hervor, schon aus der geschäftlichen Situation des Bestellers könne sich ergeben, daß eine mündliche Nebenabrede neben dem urkundlich Niedergelegten weitergelten solle: wenn z. B. „dem Besteller mündlich eine für ihn notwendige Zusicherung gegeben worden ist, so ist nicht zu vermuten, daß er ohne weiteres bei der Unterzeichnung darauf habe verzichten wollen". Das von den Reformfreunden vorgeschlagene System würde in diesem Fall versagen.

c) Gerade im Hinblick auf die österreichischen Erfahrungen scheint mir die deutsche Regelung trotz aller Bedenken gegen die Zulässigkeit des Zeugenbeweises den Vorzug zu verdienen. Der erzieherische Zweck, die Parteien zu möglichst weitgehender Vollständigkeit bei der Festlegung ihrer Abmachungen anzuhalten, ein Ziel, das ABRAHAM (a. a. O., S. 36f.) mit Recht hervorhebt, wird schon dadurch erreicht, daß diejenige Partei, welche sich auf eine solche Ergänzungsbestimmung beruft, in bezug auf die Beweislast sehr ungünstig dasteht.

Im übrigen krankt die Kritik des gegenwärtigen Rechtszustandes vielfach daran, daß nicht selten einzelne Fälle verallgemeinert werden. Wünschenswert wäre es (was jedoch an den damit meist verbundenen außerordentlich großen Schwierigkeiten scheitert), daß jeder rechtspolitischen Untersuchung eine Erforschung des „lebenden Rechts" im Sinne EHRLICHS und der „Rechtstatsachen" im Sinne NUSSBAUMS vorausginge[2]. Wie einseitig müssen, um nur *ein* Beispiel herauszugreifen, notwendigerweise alle Erörterungen über die Vorschrift des § 139 BGB. bleiben, solange nicht beachtet wird, daß in weitem Umfange durch „Allgemeine Lieferungsbedingungen" und Vertragsformulare bestimmt wird, bei teilweiser Nichtigkeit eines Rechtsgeschäfts solle der übrige Teil gültig bleiben[3]. So muß auch bei Erörterung des Problems, ob der Beweis mündlicher Nebenabreden durch Zeugen verboten werden soll, berücksichtigt werden, daß bereits in vielen und recht bedeutsamen Fällen praktisch ein ähnliches Ergebnis durch Geschäftsbedingungen und Vertragsformulare erzielt wird[4]. In diesen

[1] Wie sich aus der von CARNELUTTI verfaßten Besprechung des Buches Documento e negozio von CANDIAN ergibt (Riv. di dir. proc. civ. 1926, 181). Das Buch selbst war mir nicht zugänglich.

[2] EHRLICH: Grundlegung der Soziologie des Rechts, S. 6ff., 393ff.; NUSSBAUM: Rechtstatsachenforschung, S. 8.

[3] Auf diese Tatsache hoffe ich demnächst in anderem Zusammenhang zurückkommen zu können.

[4] Auf die Frage, unter welchen Voraussetzungen die Allgemeinen Geschäftsbedingungen zum Bestandteil des Vertrages werden, ist hier nicht einzugehen.

findet sich sehr häufig die Vorschrift, daß mündliche Nebenabreden neben einem schriftlichen Vertrage keine Bedeutung haben. Diese Klausel geht über eine — nach deutschem Rechte ja unzulässige — vertragliche Einschränkung der Beweismittel hinaus, indem sie den Tatbestand des § 125 Satz 2 BGB. erfüllt. Andererseits schließt diese Klausel nicht aus, daß Zeugenbeweis über die Behauptung erhoben wird, die Parteien hätten durch nachträgliche Abrede diese Klausel beseitigt und dann mündlich eine bestimmte Vereinbarung getroffen[1]. Nach meinen Feststellungen findet sich die mehrfach erwähnte Klausel im kaufmännischen Verkehr u. a. zwischen Maschinenfabrikanten und -händlern, Maschinenhändlern und -abnehmern, im Metall- und Kohlengroßhandel, im Stickstoffhandel und beim Automobilgeschäft. Aber auch im Verkehr mit Nichtkaufleuten wird diese Klausel oft formularmäßig festgesetzt: so — abgesehen von vielen Mietverträgen — in fast allen Abzahlungsverträgen und Verträgen über die Finanzierung von Teilzahlungsgeschäften[2].

4. Würde der Zeugenbeweis in den Fällen gesetzlicher oder gewillkürter Schriftform ausgeschlossen werden, so würde dadurch der Beweis beschränkt sein auch hinsichtlich derjenigen Abmachungen, die nachträglich in bezug auf eine schriftlich niedergelegte Vereinbarung getroffen sein sollen. Art. 1341 c. c. und c. c. it. verbieten ausdrücklich den Zeugenbeweis auch bezüglich solcher Abreden, also z. B. hinsichtlich einer nachträglich dem Schuldner gewährten Stundung oder einer Verkürzung der ursprünglich festgesetzten Vertragsdauer. Diese Beschränkung liegt wohl auch im Rahmen des § 34 des Reformvorschlages SCHIFFERS; sie erscheint nicht wünschenswert. Maßgebend für diese Stellungnahme ist die Erwägung, daß es wenig folgerichtig ist, Rechtsgeschäfte bis zu einer bestimmten Summe zwar im allgemeinen von den Beweisbeschränkungen zu befreien, sie jedoch diesen Beweisbeschränkungen zu unterwerfen, wenn sie sich zufällig auf schriftlich niedergelegte Vereinbarungen beziehen[3].

Daß diese Regelung fehlerhaft ist, hat man in Frankreich und Italien bereits erkannt; gelegentlich sucht man dadurch zu helfen, daß man (ohne Anhalt im Gesetz) die einschränkende Vorschrift des art. 1341 nur auf solche späteren Modifikationen anwendet, deren Objekt die gesetzliche Wertgrenze übersteigt (vgl. CAPITANT: S. 224 Anm. 1, der selbst dieses Ergebnis jedenfalls de lege ferenda billigt).

---

[1] Vgl. v. STAUDINGER-RIEZLER: Komm. zum Bürgerlichen Gesetzbuch, Anm. 4 zu § 125.

[2] Man erwog schon bei der Schaffung des Abzahlungsgesetzes, ob man nicht die Klausel, daß mündliche Nebenabreden neben dem schriftlich festgelegten Vertrage ungültig sein sollten, verbieten sollte.

[3] Diese Bemerkung richtet sich *nicht* gegen SCHIFFERS Vorschlag, da dieser ja eine Wertgrenze nicht festsetzen will.

IV.

Zu prüfen bleibt somit nur noch das dritte der von der Arbeitsgemeinschaft für Gesetzgebungsfragen gestellten Probleme, ob sich eine solche Einschränkung des Beweises wenigstens für Geschäfte unter *Vollkaufleuten* empfehle.

Eine solche Scheidung der für Kaufleute und für Nichtkaufleute bzw. für Handelsgeschäfte und für Nichthandelsgeschäfte geltenden Beweisvorschriften erscheint nicht wünschenswert.

a) Die Geschichte des Handelsrechts zeigt, welchen Schwierigkeiten eine Abgrenzung des Begriffs der Handelssachen begegnet. Auch bei der Schaffung des BGB. hat man ausgesprochen, daß diese Abgrenzung zu einer „bedenklichen Verwirrung und Rechtsunsicherheit" führen kann (MUGDAN: Die gesamten Materialien zum BGB. I, 45). Schon in denjenigen Ländern, in denen seit langem verschiedene Rechtsregeln für Handelssachen und für Geschäfte von Nichtkaufleuten gelten, erweckt die Unterscheidung Kritik. So hat sich VIVANTE lebhaft gegen sie ausgesprochen[1].

Eine Neueinführung besonderer Beweisregeln für Handelssachen hieße die im Zuge der Zeit liegende Tendenz zur Vereinheitlichung des bürgerlichen und des Handelsrechts verkennen[2]. Viele Sätze, die ursprünglich dem Handelsrecht eigentümlich waren, sind in das allgemeine bürgerliche Recht übergegangen, wobei sich das Handelsrecht als „Pionier des Fortschrittes" bewährte (HECK im Arch. f. ziv. Prax. 92, 466). Angesichts der fortschreitenden „Kommerzialisierung des bürgerlichen Rechts" liegt die Frage, die HECK schon vor vielen Jahren aufwarf: „Weshalb besteht ein von dem bürgerlichen Rechte gesondertes Handelsprivatrecht?", heute noch näher als damals[3].

---

[1] Trattato di Diritto Commerciale, 5. Aufl., Bd. 1, S. 1ff.; dort auf S. 25 Übersicht über das Schrifttum. — Auch DE LA GRASSERIE fragt gerade hinsichtlich der verschiedenen Beweisvorschriften, ob man dem Kaufmann Billigkeit gewähren, dem Nichtkaufmann sie aber verweigern wolle (Rev. crit., a. a. O., S. 548).

[2] Schon hat die Schweiz ein im wesentlichen für Kaufleute und Nichtkaufleute gleiches Obligationenrecht geschaffen; bei der Abfassung des neuen brasilianischen Zivilgesetzbuchs von 1916 haben in Brasilien ähnliche Bestrebungen bestanden (PONTES DE MIRANDA in der Einleitung [S. XL] zu Bd. III der Zivilgesetze der Gegenwart, herausgegeben von HEINSHEIMER u. a.), und bei der Schaffung der nordischen Kaufgesetze (1905 bis 1907) ist der zivile Kauf wesentlich dem Handelskauf angenähert worden.

[3] Arch. f. ziv. Praxis Bd. 92, S. 438ff. (HECK bejahte das Bedürfnis nach einer Scheidung). Selbst WIELAND, der sich gegen die Verschmelzung beider Materien wendet, muß anerkennen, daß es zur Abgrenzung vom bürgerlichen Recht „eines schwerfälligen, ja zum Teil äußerst erkünstelten Systems gesetzlicher Vorschriften" bedarf (Handelsrecht Bd. 1, S. 4 [in BINDINGS Handbuch der deutschen Rechtswissenschaft]).

b) Stärker als diese Gründe allgemeiner Art spricht gegen die Reform aber das Verkehrsbedürfnis, wie sich sowohl bei einer historischen wie einer analytischen Betrachtung ergibt.

Als die Ordonnance de Moulin von 1566 den Satz „témoins passent lettres" beseitigte, bezog die Praxis ohne jeden gesetzlichen Anhalt diese Einschränkung nicht auf Handelssachen[1].

Der bei der Ausarbeitung des Code de Commerce gemachte Versuch, diese Rechtslage durch Ausdehnung der allgemeinen Vorschriften auf die Handelssachen abzuändern, scheiterte an dem allgemeinen Widerspruch der Handelskreise (LESSONA: a. a. O. IV, 148). Vielmehr wurde in Art. 1341 c. c. und c. c. it. die Bestimmung aufgenommen, die angeordneten Beschränkungen sollten nur gelten unbeschadet der Vorschriften der Handelsgesetze. In den Handelsgesetzen aber wurde festgelegt, daß auch der Zeugenbeweis statthaft sei, sofern das Gericht ihn zulasse. Zwar spricht art. 109 c. com. seinem Wortlaut nach nur von Kaufverträgen, jedoch gilt er, wie unstreitig ist, für alle Verträge zwischen Kaufleuten, weil hier das häufigste kaufmännische Rechtsgeschäft nur als Beispiel für sämtliche andere erwähnt ist[2].

Klarer bestimmt der c. com. it. in art. 44, daß die erwähnten Beweiseinschränkungen keine Anwendung finden auf le obligazioni commerciali e le liberazioni[3]. Ein Recht auf Zeugenbeweis haben die Parteien auch in diesem Falle nicht, sondern die Zulassung liegt im freien Ermessen des Richters[4]. Dieses Ermessen aber äußert sich, und das sollte zu denken geben, in Frankreich stets dahin, daß der Zeugenbeweis zugelassen wird[5]. In Italien scheint es nicht anders zu sein, spricht doch CARNELUTTI, der selbst ein Freund der Einschränkung des Zeugenbeweises ist, davon, die Praxis verfolge „die Politik der offenen Tür" hinsichtlich der Zulassung des Zeugenbeweises (Riv. di dir. proc. civ. 1927, II, 3).

Vor allem spricht gegen die Einführung dieser Beweisbeschränkung, die sich ja mittelbar als Formzwang auswirken muß, daß die Kaufleute berufsmäßig sehr viele Verträge schließen und daher durch derartige Vorschriften viel härter betroffen werden als der Nichtkaufmann, für

---

[1] LYON-CAEN et RENAULT: Traité de droit commercial [5] III, 53.

[2] Vgl. LYON-CAEN et RENAULT: a. a. O. III, 54.

[3] Zweifel ergeben sich aber auch hier; vgl. das Urteil des Kassationshofs in Riv. di dir. proc. civ. 1926, 197: Muß die in einer Handelssache getroffene Zuständigkeitsvereinbarung durch Urkunden bewiesen werden oder ist Zeugenbeweis zulässig?

[4] Vgl. AUBRY et RAU: a. a. O. XII, 341 für Frankreich; Kassationshof vom 27. Februar 1926 in Riv. di dir. proc. civ. 1927, II, 3, für Italien.

[5] Vgl. DE LA GRASSERIE in Rev. crit., a. a. O., S. 310. — Nach NORDEN (a. a. O., S. 183) soll die belgische Rechtsprechung zurückhaltender sein.

den der Abschluß von Verträgen, abgesehen von den Bargeschäften des täglichen Lebens, eine bedeutsame und daher einen größeren Zeitaufwand durchaus gestattende Angelegenheit ist. Gerade dieser Gesichtspunkt, daß man angesichts der Schnelligkeit des kaufmännischen Lebens und der Fülle der dabei abzuschließenden Geschäfte den Kaufmannsstand durch eine Einschränkung der Beweismittel in seiner Bewegungsfreiheit einengen würde, wurde 1882 bei der Schaffung des c. com. it. als ausschlaggebender Gesichtspunkt hervorgehoben[1].

Auch darf nicht übersehen werden, daß gerade bei den Kaufleuten ein Bedürfnis nach Beschränkung der Beweismittel weniger besteht als im nichtkaufmännischen Rechtsverkehr. Sie sind sorgsamere Schuldner als die Nichtkaufleute. Dies dürfte seinen Grund vor allen Dingen darin haben, daß Unzuverlässigkeit bei der Erfüllung von Rechtsgeschäften den Kredit des Vollkaufmanns und damit die Grundlage seiner Betätigung zu untergraben droht. (In denjenigen Ländern, in denen der Konkurs sich nur auf Kaufleute bezieht, mag auch die Furcht vor ihm eine gewisse Rolle spielen.)

So wird denn auch selbst von einem Anhänger der Beweisbeschränkung wie CAPITANT (a. a. O., S. 220) eine Abänderung der für die Kaufleute geltenden Vorschriften im Sinne einer Beweisbeschränkung nicht befürwortet.

Demgegenüber erscheinen die für die geplante Reform angeführten Gründe nicht als überzeugend. Daß der Kaufmann in aller Regel jedes wichtige Rechtsgeschäft entweder von vornherein brieflich oder telegraphisch abschließt oder die getroffene mündliche Abrede in einem Bestätigungsschreiben niederlegt oder sich auf Buchungen in den Handelsbüchern stützen kann, ist zwar richtig, spricht jedoch nicht für die Notwendigkeit einer Reform[2].

Gerade mit Rücksicht auf diese Tatsache wird der Richter, insbesondere auch der Handelsrichter, gegenüber anderen Arten des Nachweises von zwischen Vollkaufleuten getroffenen Abmachungen einen starken Skeptizismus an den Tag legen müssen. Ein Eingreifen des Gesetzgebers aber ist nicht gerechtfertigt. Schon heute dreht sich der Zeugenbeweis in derartigen Fällen in aller Regel um die Frage, ob die Bestätigungsschreiben den Inhalt des Vereinbarten richtig wiedergeben oder wie das Vereinbarte auszulegen sei[3]: *Diesen* Beweis müßten ja auch die Reformfreunde zulassen.

---

[1] Vgl. den Bericht bei LESSONA: a. a. O. IV, 149.

[2] Übrigens geschieht derartiges im Handel keineswegs immer (man denke nur an die Börsengeschäfte, die allerdings in der Regel nicht zur Kognition der ordentlichen Gerichte gelangen).

[3] Vgl. auch die Zusammenstellung der Rechtsprechung bei SILLER: Das kaufmännische Bestätigungsschreiben. J. Rdsch. 1927, 289.

Eine solche Reform könnte weiter zu der außerordentlich unerwünschten Folge führen, daß in noch höherem Maße als bisher eine Abwanderung zu den Schiedsgerichten einträte, denn für das schiedsgerichtliche Verfahren sollen ja diese Beschränkungen nicht gelten (vgl. ABRAHAM: a. a. O., S. 46).

Außerdem würde sich auch hier wieder jenes verhängnisvolle Spiel entwickeln, das SCHLEGELBERGER in seinem Mahnruf „Zur Rationalisierung der Gesetzgebung" so eindringlich geschildert hat: Um die Schwierigkeiten zu vermeiden, welche sich aus der Einführung neuer gesetzlicher Vorschriften ergeben, bedarf es wieder neuer Rechtssätze[1]. So würde, wollte man für den Beweis der von Vollkaufleuten geschlossenen Rechtsgeschäfte besondere Vorschriften geben, insbesondere eine eingehende Regelung für diejenigen Rechtsgeschäfte nötig sein, bei denen nur auf einer Seite ein Vollkaufmann beteiligt ist. Die französische Rechtsprechung nimmt in solchen Fällen an, daß, wenn die zu beweisende Abmachung nur auf seiten des Beweisführers ein Handelsgeschäft ist, die Beweisbeschränkungen der art. 1341 ff. eingreifen, daß also z. B. ein Kaufmann die Tilgung seiner gegenüber einem Nichtkaufmann bestehenden Schuld nur nach Maßgabe des art. 1341 c. c. beweisen kann.

Während also in Frankreich der Zeugenbeweis *gegen* den Kaufmann, nicht zu seinen Gunsten zulässig ist, wenn kein beiderseitiges Handelsgeschäft vorliegt, unterwirft die italienische Praxis mit Rücksicht auf art. 54 c. com. it. (der unserem § 345 HGB. entspricht) das Rechtsgeschäft den Beweisvorschriften des Handelsgesetzbuches schon dann, wenn nur einer der Beteiligten Kaufmann ist (vgl. LESSONA: III, 159)[2].

V.

Als Ergebnis ist somit festzuhalten, daß die Reform nicht als wünschenswert anzusehen ist. So groß die Übelstände gegenwärtig sind, so wenig Aussicht auf ihre Beseitigung eröffnen die hier behandelten Vorschläge. Dies gilt auch von den (während der Korrektur erschienenen) Reformplänen PHILIPPIS, der im Rahmen einer Kritik der Pläne SCHIFFERS zur „Reform des Zivilprozesses" (Judicium I, 103) Stellung nimmt. Er hält SCHIFFERS Pläne für zu weitgehend, meint, insbesondere bei Zahlung, Mahnung und Kündigung sei der Ausschluß des

[1] Ähnliche Klagen auch in Österreich (vgl. EHRENZWEIG: Die Zivilrechtsreform in Österreich, S. 28) und in Frankreich (vgl. PLANIOL im Livre du centenaire du c. c. II, 958).

[2] In Holland, wo diese Frage bis zu der obenerwähnten Reform von 1923 erhebliche praktische Bedeutung hatte, stellte die Praxis darauf ab, ob auf seiten des Beklagten eine Handelssache vorliegt (VAN KRIMPEN im Niederländ. Jb. 1924, 140).

Zeugenbeweises „nicht so nötig, weil es sich um einfache Vorgänge handelt, über die möglicherweise auch ein zuverlässiger Zeugenbeweis erbracht werden kann" (S. 120), will jedoch den Zeugenbeweis für „den Abschluß von Verträgen und ihren Inhalt" ausschließen. In diesem Zusammenhang will PHILIPPI folgende gesetzliche Bestimmungen eingeführt wissen:

a) „Wenn der Zugang einer ... Urkunde oder die Absendung des Widerspruchs bestritten wird, so gilt die Vorlage einer Abschrift der Urkunde nebst einem dem Datum nach dazu passenden Postschein als genügender Beweis der Absendung und des Zuganges ..." (S. 143);

b) der Inhalt von Bestätigungsschreiben, Schlußnoten, übersandten Rechnungen und „Geschäftsbüchern" (gemeint sind wohl Kontoauszüge) soll als vom Empfänger genehmigt gelten, sofern dieser nicht „binnen geschäftsüblicher Frist" widerspricht (S. 143).

Daß ein Bedürfnis nach Einführung dieser beiden Vorschriften besteht, möchte ich angesichts des Standes der heutigen Rechtsprechung lebhaft bezweifeln.

Die von PHILIPPI als erstrebenswert bezeichnete Einschränkung des Zeugenbeweises verliert ihre praktische Bedeutung zum großen Teil durch die Bestimmung (S. 143), der Zeugenbeweis sei zulässig nicht nur für den Fall des auf höherer Gewalt beruhenden Unterganges der Beweisurkunde, sondern „ausnahmsweise auch dann, wenn die Errichtung von Urkunden den Parteien unmöglich war oder ihnen nach den Umständen schlechthin nicht zugemutet werden konnte". Es darf hier auf die oben unter S. 28 ff. gemachten Ausführungen über die entsprechenden Vorschriften der romanischen Rechte und die daraus entstandenen Schwierigkeiten verwiesen werden.

Auch sonst bietet PHILIPPIS Reformplan keine Aussicht auf eine Verbesserung des gegenwärtigen Rechtszustandes. Er meint (S. 121 bis 122), es liege eine gewisse Nachlässigkeit vor, wenn sich jemand (gedacht ist wohl in erster Linie an den kaufmännischen Verkehr) nicht durch Bestätigungsschreiben und ähnliche Urkunden den Beweis sichert. Wer diese Vorsichtsmaßregeln nicht anwende, der dürfe sich nicht beklagen, wenn ihm als Beweismittel nur der Eid (den PHILIPPI ja in vollem Umfange beibehalten will) zur Verfügung gestellt werde. Aber gerade daraus ergibt sich ein starkes Bedenken. Wenn dem Vertragsgegner (dem späteren Beklagten) nach mündlichen Verhandlungen über den Abschluß eines Vertrages eines der in PHILIPPIS Gesetzesvorschlag als „beweisende Urkunden" aufgezählten Schriftstücke („insbesondere ... Bestätigungsschreiben, ... Schlußnoten, ... übersandte Fakturen, ... Geschäftsbücher") übersandt wird und er nunmehr fristgemäß widerspricht, so kann ihm nach PHILIPPI der Kläger nur den Eid zuschieben. Daß es ein wenig erfreuliches Ergebnis ist, wenn in dem nunmehr folgenden *Straf*verfahren wegen Eidesverletzung alle diejenigen Personen, deren Zeugnis über den Abschluß des Geschäftes man für den *Zivil*prozeß ausgeschaltet hat, als Zeugen auftreten, kann doch wohl nicht zweifelhaft sein! PHILIPPIS Vorschläge kranken aber auch daran, daß er sich mit den Schwierigkeiten, wieweit zum Zwecke der Auslegung und zum Beweise von Willensmängeln der Zeugenbeweis zulässig sein soll (oben S. 34/35), nicht auseinandersetzt.

Wie stark der den Dingen immanente Drang nach Zulassung des Zeugenbeweises ist, zeigt nicht nur das Verhalten des Gesetzgebers in der Schweiz, in Holland und in Österreich, sondern vor allem die Einstellung der französischen und italienischen Praxis, bei der die Tendenz zur Zulassung des Zeugenbeweises sehr groß ist[1].

Gewiß ist es zweifelhaft, ob das BGB. nicht in der Zulassung der Formfreiheit zu weit gegangen ist — ein Zweifel, dem noch kürzlich MARTIN WOLFF[2] Ausdruck verliehen hat —, aber man darf nicht glauben, jetzt plötzlich diese langjährige Entwicklung rückgängig machen zu können. Welche Schwierigkeiten würden entstehen, bis der neu einzuführende indirekte Schriftzwang in der Vorstellung des Volkes lebendig würde, wie oft würden die an das bisherige System gewohnten Gerichte doch auf den verschiedensten Wegen zu einer Zulässigkeit des Zeugenbeweises kommen!

Wege dazu würden sich den Gerichten genug bieten: Für den sog. Bagatellprozeß, für die Fälle der Unmöglichkeit des Zeugenbeweises und schließlich auch für diejenigen des „Anfangs eines Urkundenbeweises"[3], würde man Ausnahmen schaffen müssen. Diese Ausnahmen aber würden im Ergebnis die gewünschte Einschränkung der Zahl der Prozesse zunichte machen.

Da die amtliche französische Justizstatistik (Compte général de la justice civile et commerciale) jedenfalls für die neuere Zeit in Deutschland nicht vorhanden ist, läßt sich nicht genau feststellen, in welchem Umfang die Zahl der französischen Prozesse hinter derjenigen der deutschen zurückbleibt. Daß sie erheblich geringer ist, läßt sich freilich z. B. aus der geringen Zahl von Richtern schließen, mit welcher der französische Kassationshof besetzt ist, wobei allerdings der Unterschied Kassation—Revision zu beachten ist. Aber selbst wenn ein exakter Vergleich möglich wäre, so bliebe immer noch die Frage aufzuwerfen,

---

[1] Vgl. DÉMOGUE in Rev. trim. 1927, 987 und CARNELUTTI in Riv. di dir. proc. civ. 1927, II, 3.

[2] In der Z. f. ausländ. u. internat. Privatrecht I, 514.

[3] Welche außerordentlich große Bedeutung die durch diesen Begriff eingeführte Milderung der Beweisbeschränkung für das Funktionieren des französischen Beweissystems hat, hebt CAPITANT: a. a. O., S. 197 und 199 mit Recht hervor.

ob gerade die verschiedene Regelung des *Beweis*verfahrens in Deutschland und Frankreich ausschlaggebenden Einfluß auf die Zahl der Rechtsstreitigkeiten hat; bemerkenswert ist, daß in den Niederlanden unter der Geltung der französischen Beweisvorschriften lebhaft über die Überlastung der Gerichte und die Dauer der Prozesse (allein für die schriftliche Vorbereitung meist ein Jahr!) geklagt wurde[1].

Die zahlreichen Ausnahmen von dem Grundsatz der Unzulässigkeit des Zeugenbeweises, die man in Frankreich und Italien anerkennt und zu denen auch das deutsche Gesetz gelangen müßte, würden aber zu der nach geltendem Recht bestehenden Ungewißheit über das Ergebnis der Beweisaufnahme noch die weitere Ungewißheit hinzutreten lassen, ob das Gericht eine der zahlreichen Ausnahmevorschriften für anwendbar erachten und neben dem Urkundenbeweis auch den Zeugenbeweis zulassen würde. Die Reform wird also ihr Versprechen, daß künftighin der Ausgang des Prozesses mit größerer Sicherheit zu berechnen sein werde als jetzt, kaum einlösen können. Schließlich kann von einer besseren Erforschung des wahren Sachverhaltes, jenem dritten mit der Reform erstrebten Erfolge, jedenfalls immer dann nicht die Rede sein, wenn infolge von Beweisbeschränkungen Nebenabreden nicht berücksichtigt werden können, welche in Wahrheit getroffen worden sind, oder wenn eine Klage aus einem in Wahrheit mündlich abgeschlossenem Geschäft als mittels Urkunden nicht beweisbar der Abweisung unterliegt.

Diese Stellungnahme soll keineswegs auf eine Verherrlichung des gegenwärtigen Zustandes hinauslaufen; seine Mängel sind ja schon oben S. 21 hervorgehoben worden. Zu betonen ist nur, daß die Reformen an anderer Stelle einsetzen müssen; vor allem muß bei der Würdigung der Beweisaufnahme mit größerem Skeptizismus an die Würdigung der Zeugenaussage herangegangen werden, als dies jetzt häufig geschieht. Aber die Erkenntnis dieser Mängel führt nicht notwendig zu der müden Resignation, die etwa aus den Vorschlägen ZEILERS und einiger niederländischer Juristen über die Einführung der „vermittelnden Entscheidung" spricht[2], jenem Hilfsmittel, von dem neuestens auch EHRENZWEIG (in JW. 1929, 88) Gebrauch machen will. Beseitigung der gegen-

[1] Vgl. v. SAHER im Niederländ. Jb. 1923, 28 und 29. Ähnliche Klagen hinsichtlich Belgiens im „Handbuch für den Außenhandel" 1928, S. 105. Überhaupt erweist sich die häufig aufgestellte Behauptung, daß in Deutschland viel mehr Prozesse als in anderen Ländern geführt werden, bei näherer Nachprüfung oft als übertrieben. So ergibt ein Vergleich der deutschen und der englischen Zivilprozeßstatistik für das Jahr 1925 auf je 1000 Einwohner in Deutschland 34,5 Prozesse, in England 30,1; — ein sehr geringer Unterschied! (vgl. Zeitschr. für ausländisches und internationales Privatrecht 1928, S. 504).

[2] Rhein. Z. X, 177.

wärtig bestehenden „Beweisnot“[1] ist auch nicht zu erhoffen von der Einführung fester Beweisregeln, etwa des Satzes testis unus, testis nullus mit seinem verhängnisvollen Schematismus[2].

Sicherlich wird man einmal dahin kommen, daß die von der experimentellen Psychologie gewonnenen Erfahrungssätze zu gesetzlichen Beweisregeln erhoben werden; aber eine solche Verwirklichung der Forderungen JAMES GOLDSCHMIDTS (Prozeß als Rechtslage, S. 257) wird erst dann möglich sein, wenn die Ergebnisse der Psychologie sich mehr als bisher gefestigt haben und allgemein anerkannt werden.

Bis dahin jedoch bedarf es in erster Linie einer verbesserten psychologischen Ausbildung der Richter, die sie zu größerer Kritik gegenüber den Zeugenaussagen befähigt[3]; zu einer solchen Kritik sucht z. B. art. 1945 des Burgerl. Wetb. anzuleiten, in dem es heißt:

„Bei Beurteilung des Wertes der Zeugenaussage muß der Richter besonders achten auf die gegenseitige Übereinstimmung der Zeugen, auf die Übereinstimmung der Aussage mit dem, was von anderer Seite zur Sache in dem Prozeß bekannt ist, auf die Beweggründe, die die Zeugen gehabt haben können, die Sache in dieser oder jener Weise vorzutragen, auf die Lebensweise, die Sitten und den Stand der Zeugen und überhaupt auf alles, was auf die größere oder geringere Glaubwürdigkeit der Zeugen von Einfluß sein könnte.“

Hier besteht ein Zusammenhang unseres Problems mit dem bisher hauptsächlich für Strafrichter behandelten Fragenkreis[4].

Nötig ist weiter schärfere Handhabung der gegen Prozeßverschleppung gerichteten Vorschriften (§§ 279, 283 ZPO.) zwecks Abschneidung schikanöser Beweisantritte. Vor allem aber bedarf es — hier berühre ich mich mit dem fruchtbaren Gedanken ABRAHAMS (a. a. O., S. 37) von der Verantwortlichkeit des einzelnen für die Formulierung seiner Rechtsgeschäfte — der praktischen Aufklärung weitester Volkskreise

---

[1] KISCH: Die soziale Bedeutung des Zivilprozesses (Judicium I, 11).

[2] Diese schon im Deuteronomium enthaltene, von KONSTANTIN (C. IV, 20, 2, 1) scharf hervorgehobene Regel gilt jetzt in Holland (art. 1342 Burg. Wetb.), Portugal (art. 2512 c. c.) und in Venezuela (CAPITANT: a. a. O., S. 205 Anm. 2) sowie (abgesehen von Sonderfällen) im Codex iuris canonici von 1917 (can 1791). Ein Mischsystem gilt im schwedisch-finnischen Prozeßrecht. Gerade umgekehrt bestimmt die Prozeßordnung von Uri (§ 60), die eidliche Deposition *eines* Zeugen könne nur „durch fünf übereinstimmende Gegenzeugen“ entkräftet werden.

[3] Ähnlich auch HELLWIG: a. a. O., S. 715.

[4] Vgl. die Beschlüsse des Juristentages 1928 über Vorbildung und Berufslaufbahn der Organe der Strafrechtspflege, sowie GRÜNHUT in JW. 1929, 235. Bei der bisherigen Erörterung ist vielfach übersehen worden, daß für die Ausbildung der Zivilprozeßrichter ganz ähnliche Verbesserungen wünschenswert wären.

über die Zweckmäßigkeit der schriftlichen Niederlegung wichtiger Rechtsgeschäfte, damit auf diesem Wege, nicht durch den plötzlichen Eingriff des Gesetzgebers, der Zeugenbeweis allmählich mehr und mehr zurückgedrängt wird.

Auf diesem Wege einer Erziehung des Richters und einer Erziehung des Rechtsuchenden ist die Beseitigung der bestehenden Mißstände am besten zu erreichen: denn zu einer wahren Änderung des gerichtlichen Verfahrens führt nicht ein anderes Verfahrensgesetz, sondern eine veränderte Einstellung aller Organe der Rechtspflege; zu einer durchgreifenden Verminderung der beklagenswert hohen Zahl der in Deutschland schwebenden Prozesse führt nicht eine Beschränkung der Beweismittel mit ihrem vom Wirtschaftsleben als lästige Fessel empfundenen mittelbaren Formzwang, sondern nur eine freiwillige Bindung des Verkehrs an schriftliche Niederlegung aller wichtigen Abreden. Wenn irgendwo, dann ist gerade hier weitgehende Zurückhaltung des Gesetzgebers geboten!

II. Grundzüge des griechischen zivilprozessualen Beweisrechts.

Von CHAR. N. FRAGISTAS, Rechtsanwalt in Athen.

A. Allgemeines.

I. Quellen.

Die das Beweisrecht betreffenden Rechtsnormen sind in der griechischen ZPO. vom 2. April 1834 enthalten (§§ 244—461). Dieses Gesetzbuch ist hauptsächlich das Werk des bayrischen Rechtsgelehrten GEORG VON MAURER, der als Regent für den damals noch unmündigen König Otto von Griechenland, Sohn des bayrischen Königs Ludwigs I., nach Griechenland gekommen war[1]. Quellen der griechischen ZPO. sind die damaligen bayrischen Entwürfe für eine ZPO. und ferner der französische Code de procédure civile von 1806. Was aber das Beweisrecht anbetrifft, so ist die Quelle des griechischen Rechts zum wichtigen Teil der französische c. c. Bekanntlich ist in Frankreich das Beweisrecht teils im c. c., und zwar unter dem Titel „de la preuve des obligations et de celle du payement" (§§ 1315—1369), teils im Code de procédure civile (§§ 193—341) geregelt. Offenbar liegt hier eine schlechte Systematik vor. Zunächst einmal ist diese Zersplitterung der Materie unbegründet. So z. B. werden von den Beweismitteln der Augenschein und der Sachverständigenbeweis im Code de procédure civile, die übrigen im c. c. behandelt. Ferner ist der Beweis ein Institut des Prozesses, das daher nur in der ZPO. behandelt werden sollte. Drittens: Wenn der Beweis im bürgerlichen Recht seine Regelung finden sollte, dann sollte dort ganz allgemein über alle privatrechtlichen Institute gehandelt werden und nicht eine Beschränkung auf die Obliga-

[1] Über die Entstehung dieses Gesetzbuches und seinen Inhalt vgl. GEORG VON MAURER: Das griechische Volk Bd. II §§ 431—443, S. 468 ff. 1835. Das Gesetzbuch ist in griechischer und deutscher Sprache veröffentlicht worden. Den deutschen Text findet man auch in dem schon erwähnten Werk von G. VON MAURER Bd. III, S. 623—849.

tionen erfolgen[1]. Die griechische ZPO. ist dieser schlechten Systematik nicht gefolgt und hat das ganze Beweisrecht in sich aufgenommen. Seit der Zeit ihrer Entstehung ist die griechische ZPO. vielfach geändert worden. Das Beweisrecht aber hat unter diesen zahlreichen Novellen sehr wenig gelitten.

Obwohl eine große Verwandtschaft zwischen dem griechischen und dem französischen Beweisrecht besteht, muß schon hier betont werden, daß das erste keine bloße Übersetzung des zweiten ist. Im Gegenteil gehen beide Rechte in vielen und wichtigen Punkten auseinander.

Ich werde hier versuchen, die Grundzüge des griechischen Beweisrechts kurz darzustellen. Insbesondere werde ich diejenigen Punkte hervorheben, worin das griechische Recht von dem deutschen abweicht und die gleichzeitig ein besonderes rechtsvergleichendes Interesse darbieten. In den wichtigen Punkten werde ich auch das französische und das italienische Beweisrecht zum Vergleich bringen. Das geschieht nicht nur aus einem rechtsvergleichenden Interesse heraus, sondern um das griechische Recht leichter verständlich zu machen, zumal die Literatur Frankreichs und Italiens in Deutschland geläufiger als die griechische ist[2]. Es sei erwähnt, daß nur der Beweis beim ordentlichen Verfahren berücksichtigt werden wird. Die wichtige Lehre der Beweislast bleibt hier außer Betracht. Maßgebend ist für diese Materie das materielle

---

[1] Die französische Ordonnance von 1667 (bekannt unter dem Namen Code Louis) über das Prozeßrecht hatte das ganze Beweisrecht behandelt. Irreführend war bei der Ausarbeitung des französischen c. c. das Werk des großen französischen Rechtsgelehrten POTHIER, der in seinem Buch über die Obligationen ein Kapitel ihrem Beweise gewidmet hat. Dort erwähnt POTHIER nicht unter den Beweismitteln den Augenschein und den Sachverständigenbeweis. Aus diesem Grunde schweigt auch der c. c. über diese Beweismittel. Die schlechte Systematik des französischen Gesetzgebers wird auch teilweise von der französischen Literatur anerkannt. Vgl. PAUL CUCHE: Précis de procédure civile et commerciale, Nr. 436, S. 495—496. 1926 [3]. — GLASSON-TISSIER: Traité de procédure civile Bd. 2, Nr. 592, S. 654—655. 1926 [3]. — COLIN-CAPITANT: Cours élémentaire de droit civil français Bd. 1, S. 91. 1923 [3]. — M. PLANIOL: Traité élémentaire de droit civil Bd. 2, Nr. 4 und 5. 1923 [9]. — Nach dem Vorbild des c. c. wird der wichtigste Teil des Beweisrechts in Belgien (§§ 1315—1369) und in Italien (§§ 1312—1377) im Bürgerlichen Gesetzbuch behandelt. Der italienische Entwurf für eine ZPO., der von Prof. FR. CARNELUTTI verfaßt ist, hat die Regelung des Beweisrechts in sich aufgenommen. Vgl. FR. CARNELUTTI: Progetto del codice di procedura civile, 1926, s. insbesondere §§ 104—147. So auch nach dem Entwurf der Kommission, die den Entwurf CARNELUTTI weiter ausgearbeitet hat. Vgl. Codice di procedura civile Progetto, §§ 174—229. 1926.

[2] Aus der griechischen Literatur ist hervorzuheben: OIKONOMIDES-LIBADAS: Lehrbuch des Zivilprozeßrechts Bd. 2, §§ 164—218. 1925 [7]. — J. EUKLEIDES: Zivilprozeßrecht Bd. 2, §§ 171f. 1908. — M. LIBADAS: Lehrbuch des Zivilprozeßrechts, §§ 1075f. 1927.

Recht. Und da in Griechenland Grundlage des geltenden bürgerlichen Rechts das römische Recht ist, finden die die Beweislast betreffenden Vorschriften des römischen Rechts grundsätzlich noch heute Anwendung[1].

II. Begriff des Beweises.

Der Begriff des Beweises wird in der griechischen ZPO. etwas weiter als in der deutschen aufgefaßt. Das Geständnis wird als ein Beweismittel behandelt und die durch Geständnis formell festgestellten Tatsachen als bewiesen angesehen. Ferner werden die gesetzlichen und richterlichen Vermutungen als Beweismittel aufgefaßt. Mit Vermutungen sind nicht die Indizien gemeint. Vielmehr meint das Gesetz als Beweismittel die Rechtssätze, die den Richter binden, aus einer Tatsache eine andere (gesetzliche Tatsachenvermutungen) oder ein Recht (gesetzliche Rechtsvermutungen) zu schließen. Andererseits faßt das Gesetz als Beweismittel die Gedankentätigkeit des Richters auf, die ihn zu dem Ergebnis führt, aus einer Tatsache sei auf eine andere zu schließen (praesumptiones hominis). Auch das gerichtliche Geständnis, der Eid und die rechtskräftigen Urteile werden als Vermutungen aufgefaßt (§ 273 Gr. ZPO.). Die Stellung der Vermutungen unter den Beweismitteln hat ihre Wurzeln in der legalen Beweistheorie[2]. Systematisch ist dies offenbar verkehrt[3]. Die gesetzlichen Vermutungen verschieben das Beweisthema. Bei den richterlichen Vermutungen handelt es sich um eine innere Gedankenarbeit des Richters (mit dem Gebrauch von Erfahrungssätzen), die nichts Gemeinsames mit den anderen Beweismitteln hat, die sinnlich wahrgenommen werden oder sinnliche Wahrnehmungen mitteilen[4].

III. Gegenstand des Beweises.

Gegenstand des Beweises sind die für die Beurteilung des vorliegenden Falles erheblichen Tatsachen, die nicht notorisch oder dem Gericht amtskundig sind. Freilich können daneben Gegenstand des Beweises auch Erfahrungssätze sein[5]. Ferner können Gegenstand des Beweises das Gewohnheitsrecht und das ausländische Recht sein

---

[1] Vgl. dazu LEOPOLD WENGER: Institutionen des römischen Zivilprozeßrechts, S. 186–187. 1925. — WINDSCHEID-KIPP: Lehrbuch des Pandektenrechts I, § 133. 1906 [9].

[2] HEDEMANN, J.: Die Vermutung, § 12 Anm. 4. 1904.

[3] Vgl. FR. CARNELUTTI: La prova civile, S. 83f. 1915.

[4] GOLDSCHMIDT: Zivilprozeßrecht, § 44. 1e, S. 94. 1929. — KISCH, W.: Deutsches Zivilprozeßrecht Bd. 2, S. 73.

[5] Die Erfahrungssätze sind unentbehrliche Hilfsmittel der Richter jeden Landes. STEIN, FR.: Das private Wissen des Richters, §§ 1 und 2. 1893.

(§ 245, 4 Gr. ZPO.). Es ist bestritten, ob diese letzten Rechtsnormen immer Gegenstand eines Beweises sein müssen, auch in dem Fall, in dem sie dem Gericht bekannt sind oder in anderer Weise bekanntwerden können. Die ältere, in der Rechtsprechung noch herrschende Meinung verlangt immer einen im vorliegenden Prozeß geführten Beweis des Gewohnheits- bzw. des ausländischen Rechts. Sie ist von dem Gedanken beeinflußt, daß ein solcher Rechtssatz im Prozeßrecht den Tatsachen gleichgestellt ist[1]. Die neue Literatur erblickt im Gewohnheitsrecht und ausländischen Recht eine Rechtsnorm, die angewendet werden muß, sofern sie irgendwie dem Gericht bekanntgeworden ist. Diese Meinung ist zweifellos die richtige. Diese Rechtsnormen können Gegenstand des Beweises werden, aber keinesfalls müssen sie es immer sein. Und auch in dem Fall, in dem sie Gegenstand des Beweises sind, ist der Richter nicht an die gesetzlichen Beweisregeln gebunden.

IV. Beweisantretung, Beweisanordnung und Beweisführung.

Nach der griechischen ZPO. ist jede Partei nur damit belastet, die ihren Antrag begründenden Tatsachen zu behaupten. Sie braucht nicht weiter zu bezeichnen, wer die Beweislast trägt, und auch nicht die zu

[1] Vgl. OIKONOMIDES-LIBADAS: a. a. O., § 167 Anm. 8. — EUKLEIDES: a. a. O., § 172 Anm. 6. Die im Text als richtig erklärte Meinung wird u. a. von LIBADAS: a. a. O., § 1080, PETIMESAS: Handelsrecht Bd. 1, § 19 (bezüglich des Gewohnheitsrechts) und § 25 (bezüglich des ausländischen Rechts), und MARIDAKIS: Die heutigen Richtungen des internationalen Privatrechts, § 2, 1927, vertreten. Die im Prozeß übliche Gleichstellung des Gewohnheitsrechts mit den Tatsachen hat ihre Wurzel in der Lehre der Glossatoren, die, um die Geltung des römischen Rechts auszudehnen, das Gewohnheitsrecht zurückdrängen wollten. Diese Lehre ist von der historischen Schule und insbesondere von PUCHTA (in seinem Werk: Das Gewohnheitsrecht Bd. 1, S. 104—110, 1828; Bd. 2, S. 165—189, 1837) stark bekämpft. Im gemeinen Recht war sie schon völlig überwunden (vgl. WINDSCHEID-KIPP: Lehrbuch des Pandektenrechts I, § 17 Anm. 2, 1906). Die Gleichstellung des ausländischen Rechts mit den Tatsachen beruht auf der alten Auffassung der Minderwertigkeit des ausländischen Rechts. Die Frage ist noch heute in Frankreich und Italien lebhaft bestritten. Vgl. F. GÉNY: Méthode d'interprétation et sources en droit privé positif Bd. 1, Nr. 117 und 118. 1919 [2]. — ANDRÉ WEISS: Traité théorique et pratique de droit international privé Bd. 3, S. 183f. 1912 [2].; und andererseits AUBRY et RAU-BARTIN: Cours de droit civil français, t. 12, § 799 Anm. 3 quater, 1922 [5] und A. PILLET: Traité pratique de droit international privé, t. 1, Nr. 51f. 1923. Für Italien vgl. CARLO LESSONA: Trattato delle prove in materia civile (ausführliches fünfbändiges Nachschlagebuch) Bd. 1, Nr. 153 und 163, 1922 [3], und andererseits CESARE VIVANTE: Trattato di Diritto Commerciale, t. 1, Nr. 17, 1922 [5], wo auch die weitere Literaturangabe sich befindet. Daß das Gewohnheitsrecht Gegenstand des Beweises sein kann, ist auch in Frankreich und Italien allgemein anerkannt.

verwertenden Beweismittel anzugeben. Das Gericht soll in dem von ihm erlassenen Beweisurteil die zu beweisenden Tatsachen bezeichnen sowie die Beweislast unter den Parteien verteilen. Das Gericht bezeichnet ferner nach freiem Ermessen — d. h. ohne an die Parteianträge gebunden zu sein — die Beweismittel. So bestimmt es, daß der Beweis auch durch Zeugen geführt werden kann, oder beschränkt den Beweis nur auf Urkunden, ordnet von Amts wegen einen Augenschein oder einen Sachverständigenbeweis an, legt einen richterlichen Eid auf. Freilich können die Parteien in ihren Schriftsätzen ihre Anschauungen über die zu beweisenden Tatsachen, über die Beweislast und über die Beweismittel darstellen, aber sie sind dazu nicht verpflichtet und ihre Ausführungen binden keineswegs den Richter. — Eine Ausnahme von diesem Grundsatz findet man in den Fällen der Eideszuschiebung. In diesem Falle ist das Gericht verpflichtet, den Eid zuzuschieben, wenn eine Eideszuschiebung in dem vorliegenden Prozeß erlaubt ist. Andererseits ist beim Urkundenbeweis die Partei vom Gesetz aus verpflichtet, die Urkunden schon bei der ersten Verhandlung vorzulegen. Die Sanktion ist, daß verspätetes Vorlegen die Pflicht zur Tragung der aus diesem Unterlassen entstandenen Kosten mit sich bringt.

Das Beweisurteil kann vom Gericht abgeändert werden. Das Gericht kann in einer späteren Entscheidung das Beweisthema anders festlegen, die Beweislast anders verteilen usw.[1]. Die Beweisführung hängt von der Tätigkeit einer Partei ab. Es herrscht überall der Parteibetrieb. Die Zeugenvernehmung findet der Regel nach nicht vor dem Kollegium statt, sondern vor einem beauftragten oder ersuchten Richter. Auch wenn die Beweisaufnahme vor demselben Gericht geschieht, ist der beauftragte Richter der Regel nach kein Mitglied des Kollegiums, vor dem der Prozeß nach der Beweisaufnahme eingeführt wird. So können wir sagen, daß die Maxime der Unmittelbarkeit in der Praxis leider sehr selten zur Anwendung kommt[2]. Besser ist der Zustand beim Amtsgerichtsverfahren.

V. Beweiswürdigung.

Das Gesetz selbst betont ausdrücklich den Grundsatz der freien Beweiswürdigung des Richters (§ 256). Dieser Grundsatz wird im einzelnen vielfach durchbrochen. In vielfacher Hinsicht ist der Richter,

---

[1] In Frankreich ist das den Beweis anordnende Urteil ein sog. „jugement interlocutoire". (Es fällt unter den Begriff der sog. „jugements d'avant faire droit".) Es ist vom Gericht widerruflich. („L'interlocutoire ne lie pas le juge.") Vgl. PAUL CUCHE: a. a. O., Nr. 266, S. 317—320.

[2] Auch im französischen ordentlichen Verfahren kommt bei der Zeugenvernehmung der Grundsatz der Unmittelbarkeit nicht zur Anwendung (vgl. P. CUCHE: a. a. O., Nr. 451, S. 509—511).

viel mehr als in der deutschen ZPO., in seiner Ermessensfreiheit beschränkt. Zunächst einmal in den Fällen des Geständnisses und des zugeschobenen Eides; der Richter muß in diesen Fällen eine Tatsache als festgestellt annehmen, obwohl er von ihrer Wahrheit innerlich nicht überzeugt ist. Diese beiden Mittel der formellen Feststellung einer Tatsache werden in der griechischen ZPO. als Beweismittel aufgefaßt. Im Gegensatz dazu faßt das deutsche Recht nur den Eid als Beweismittel auf, nicht aber auch das Geständnis. Der Unterschied aber hat bezüglich der Beweiswürdigung gar keine praktische Bedeutung. Ferner wird die freie Beweiswürdigung des Richters durch die gesetzliche Regelung der Beweiskraft der Urkunden eingeschränkt. Noch weiter geht aber das griechische Recht und dadurch unterscheidet es sich von dem deutschen, indem es bestimmt, daß unter bestimmten Voraussetzungen das Gutachten der Sachverständigen eine bindende Kraft für den Richter hat. Der Richter wird verpflichtet, ihm zu folgen, auch wenn er von seiner Wahrheit nicht überzeugt ist. — Aus diesen Gründen ergibt sich, daß wir in den Begriff des Beweises nicht das Element der richterlichen Überzeugung hineinführen können[1]. Eine mittelbare Beschränkung der freien Beweiswürdigung geschieht in der griechischen ZPO. durch die starke Einschränkung des Zeugenbeweises[2].

VI. Beweissicherung.

Das Institut der Beweissicherung (während schwebenden Prozesses wie auch vor seinem Beginn) ist auch in der Gr. ZPO. bekannt[3].

[1] Das gilt auch im deutschen Recht. Die gewöhnliche Definition also, in der das Element der richterlichen Überzeugung hineinbegriffen wird (GOLDSCHMIDT: a. a. O., § 44, 1; ROSENBERG: Lehrbuch des deutschen Zivilprozeßrechts, § 113 I 1, 1927; STEIN-JUNCKER: Grundriß des Zivilprozeßrechts, § 80; HELLWIG: Lehrbuch des Zivilprozeßrechts I, § 204 I, 1912), könnte vielleicht zu Mißverständnissen führen. Besser bezeichnet FISCHER in seinem Lehrbuche der deutschen ZPO., § 46, 1918, als Aufgabe des Beweises die Herbeiführung der Feststellung der Richtigkeit derjenigen Behauptungen, die nicht schon durch Beweisbefreiung für festgestellt zu erachten sind. — In den Begriff des Beweises wird die richterliche Überzeugung auch in der französischen Literatur oft hineingeführt (vgl. z. B. GARSONNET-CEZAR BRU: Traité théorique et pratique de procédure Bd. 2, Nr. 228. 1912). Manchmal wird zugefügt, daß die Überzeugung nach den rechtlichen Vorschriften gebildet werden muß (AUBRY et RAU-BARTIN: a. a. O., § 749, S. 65. — LIBADAS: a. a. O., § 1076). Eine gesetzliche Überzeugung, ebensowenig wie eine gezwungene, kann nicht bestehen. Es wäre vielleicht besser, wenn das Element der richterlichen Überzeugung aus dem Begriff des Beweises entfernt würde.

[2] Das ist eine Erscheinung der sog. negativformalen Beweistheorie (vgl. HEDEMANN: Die Vermutung, § 12 Anm. 1).

[3] OIKONOMIDES-LIBADA: a. a. O., § 166. Im französischen Prozeßrecht gibt es das Institut der Beweissicherung nicht. Trotzdem ist ein Prozeß zur

(Gr. ZPO. §§ 257—260, 271, 282, 333, 397). Im Gegensatz zur deutschen ZPO. ist er unter gewissen Voraussetzungen zulässig in bezug auf alle Beweismittel mit Ausnahme des Eides. So ist zur Sicherung des Beweises möglich die Einnahme eines Augenscheins, die Vernehmung von Zeugen und Sachverständigen, die Feststellung der Echtheit einer Urkunde wie auch die Abgabe eines Geständnisses. Immer ist Voraussetzung die Gefahr des Verlustes oder der Erschwerung des Beweises, die in den verschiedenen Fällen verschieden vom Gesetz geregelt worden ist. Die Beweissicherung fällt unter die Zuständigkeit des für die Hauptsache zuständigen Gerichtes. In dringenden Fällen kann zuständig werden das Gericht, das am schnellsten wirken kann. (Es ist bestritten, ob es ein Amtsgericht sein kann.) Eine Ladung des Gegners ist erforderlich, soweit sie möglich ist.

B. Die Beweismittel im einzelnen.

Nach der griechischen ZPO. gibt es 7 Beweismittel, nämlich: Geständnis, Eid, Zeugen, Sachverständige, Augenschein, Urkunden und Vermutungen.

I. Geständnis.

Das griechische Recht unterscheidet zwischen dem gerichtlichen und dem außergerichtlichen Geständnis. Das letztere wird nicht bloß als ein Indiz aufgefaßt, sondern als selbständiges Beweismittel behandelt.

1. Gerichtliches Geständnis.

Wie im deutschen Recht[1] kann auch nach dem griechischen das Geständnis zum Gegenstand haben entweder eine Tatsache bzw. einen Komplex von Tatsachen oder ein Rechtsverhältnis, welches in dem vorliegenden Prozeß eine Vorfrage bildet. Dagegen bezieht sich das Geständnis nicht auf den in diesem Prozeß geltend gemachten prozessualen Anspruch. Dadurch unterscheidet es sich von dem Anerkenntnis, das auch nach griechischem Recht kein Beweismittel ist[2]. Die Tatsache

---

Feststellung der Echtheit einer Urkunde möglich. — Glasson-Tissier: a. a. O., Nr. 610, S. 698 ff. Viel bestritten ist, ob ein Prozeß nur die Vernehmung von Zeugen für einen künftigen Prozeß als Gegenstand haben kann (enquête in futurum). Vgl. Glasson-Tissier: a. a. O., No. 649, S. 761 ff. Für eine frühere Zeugenvernehmung vgl. für Italien italienische ZPO., § 251.

[1] Goldschmidt: a. a. O., § 34, 3. — Rosenberg: a. a. O., § 115 I, 1a und § 137 I, 2.

[2] Vgl. Eukleides: a. a. O., § 143 Anm. 1, der beide Begriffe scharf voneinander unterscheidet. Die griechische ZPO. behandelt das Anerkenntnis in §§ 485—486. In Frankreich unterscheidet die Literatur zwischen „aveu" und „acquiescement à la demande" (vgl. P. Cuche: Nr. 507—510, Neuner: Privatrecht und Prozeßrecht § 17, S. 141. 1925).

bzw. das Rechtsverhältnis, auf die das Geständnis sich bezieht, muß vom Gegner behauptet werden[1]. Es genügt, wenn es auch erst nachträglich geschieht. Das gerichtliche Geständnis ist auch nach griechischem Recht eine einseitige Erklärung im Prozeß. Es braucht nicht vom Gegner angenommen zu werden[2]. Auch während seiner Abwesenheit ist es möglich. Die Annahme des Gegners hat eine Bedeutung im Falle des qualifizierten Geständnisses.

Ein wichtiger Punkt, in welchem das deutsche und das griechische Beweisrecht (nach dem Vorbild des c. c.) auseinandergehen, ist die Beurteilung des qualifizierten Geständnisses[3]. Wenn der Gestehende in demjenigen Teil seines Geständnisses, der dem Gegner günstig ist, einen Zusatz zufügt, kraft dessen die zugestandene, dem Gegner günstige Tatsache, ihre in diesem Prozeß von ihm beabsichtigten rechtlichen Wirkungen teilweise oder völlig verliert, dann hat der Gegner nicht das Recht, den ihm günstigen Teil des Geständnisses anzunehmen und den anderen zu bestreiten. Das qualifizierte Geständnis ist nach griechischem Recht unteilbar. Es muß entweder als Ganzes angenommen oder als Ganzes verworfen werden[4]. Zum Beispiel: A verklagt B auf Herausgabe eines Darlehens. B gesteht, daß er das Darlehen bekommen habe, behauptet aber weiter, daß er schon das Darlehen zurückgegeben habe. A kann nicht den ersten Teil des Geständnisses annehmen und den zweiten bestreiten und infolgedessen den Beweis der Darlehenszurückgabe dem Beklagten überlassen. Das ist der Sinn des in den romanischen Ländern berühmten Satzes: „confessio qualificata continens capita connexa non est dividenda, sed vel tota accipienda vel tota rejicienda“[5]. Anders

[1] EUKLEIDES: a. a. O., § 187 Anm. 7. So auch in Frankreich PLANIOL: Traité élém. Bd. II, Nr. 22; in Italien CHIOVENDA: Principii di diritto processuale civile § 61, S. 816.

[2] LIBADAS: a. a. O., Nr. 1168. — EUKLEIDES: § 187 Anm. 8. So auch in Frankreich AUBRY et RAU-BARTIN: a. a. O., § 751, S. 116—117.

[3] Eine Begrenzung zwischen dem qualifizierten Geständnis und dem motivierten Leugnen ist auch in der griechischen Literatur von EUKLEIDES (a. a. O., § 189 Anm. 2) versucht. Die in der Praxis herrschende und meines Erachtens auch richtige Ansicht erblickt immer ein Geständnis, soweit die eine Partei die Absicht erklärt hat, eine Tatsache aus dem Tatbestand, der den Antrag des Gegners begründet, zu gestehen. Über diese Frage vgl. in der deutschen Literatur GOLDSCHMIDT: a. a. O., § 34, S. 73f.

[4] § 264, 2 Gr. ZPO. — OIKONOMIDES-LIBADAS: a. a. O., § 176. — LIBADAS: a. a. O., § 1176f. — EUKLEIDES: a. a. O., § 189.

[5] Der Grundsatz der Unteilbarkeit war in dem c. c., § 1356, 3, aufgenommen und gilt heute überall, wo der c. c. geltendes Recht geworden ist, so z. B. in Italien (§ 1360, 1 c. c. it.). Über dessen Sinn vgl. AUBRY et RAU: a. a. O. XII, § 751, S. 120f. — COLIN-CAPITANT: a. a. O. — LESSONA: a. a. O. Bd. 1, Nr. 611—615 bis. — ZACHARIAE VON LIGENTHAL-CROME: Handbuch des französischen Zivilrechts I, § 152, S. 440—442. 1894[8].

bekanntlich § 289, 1 der deutschen ZPO., nach der die Wirksamkeit des gerichtlichen Geständnisses dadurch nicht beeinträchtigt wird[1].

Bei der Anwendung dieses Rechtssatzes tauchen erhebliche Schwierigkeiten auf. Es fragt sich, ob in allen Fällen das qualifizierte Geständnis unteilbar ist oder ob wir je nach der Natur des Zusatzes unterscheiden müssen. Das Gesetz macht gar keine Unterscheidung. Es stellt ganz allgemein die Unteilbarkeit des Geständnisses auf[2]. Trotzdem wird allgemein anerkannt, daß das Gesetz restriktiv ausgelegt werden muß. Aber in der Feststellung des Sinnes des Gesetzes gehen die Meinungen in der Literatur und Rechtsprechung sehr weit auseinander[3]. Ich kann hier nicht auf eine Besprechung der einzelnen Theorien eingehen. Nach der herrschenden, meines Erachtens richtigen, Ansicht ist das gerichtliche Geständnis unteilbar, soweit der zugefügte, dem Gegner ungünstige Teil in faktischem Zusammenhang, in realer Konnexität, mit dem ersten Teil des Geständnisses steht. Oder, anders ausgedrückt, wenn der zweite Teil logisch den ersten voraussetzt. So z. B. die Behauptung, die Schuld sei getilgt oder verjährt, der Vertrag sei unter einer Bedingung geschlossen, der Vertrag sei ungültig wegen Geschäftsunfähigkeit, Irrtums, Täuschung usw. Die Leistung, die Verjährung, die Bedingung, die Ungültigkeit wegen Geschäftsunfähigkeit oder eines Willensmangels sind Begriffe, die den formellen Vertragsabschluß logisch voraussetzen. Dagegen ist das gerichtliche Geständnis als teilbar anzusehen, wenn sein zweiter Teil eine Selbständigkeit gegenüber dem ersten hat, wenn zwischen beiden Teilen kein faktischer Zusammenhang besteht, wenn die im zweiten Teil enthaltene Behauptung auch ohne das Dasein der ersten geschehen könnte. So z. B. auch im Falle der Aufrechnung einer Gegenforderung, die mit der Hauptforderung nicht in Konnexität steht. Dieses ist meines Erachtens das klarste Unterscheidungsmerkmal, obwohl sich in einzelnen Fällen auch hier Zweifel ergeben können.

---

[1] Wie die deutsche, ist auch die österreichische ZPO., § 266, 2.

[2] § 264, 2 Gr. ZPO.; § 1356 c. c. („L'aveu judiciaire ne peut être divisé contre celui qui l'a fait"); § 1360 c. c. it.

[3] OIKONOMIDES-LIBADAS: a. a. O., § 176; EUKLEIDES: a. a. O., § 189, und insbesondere LIBADAS: a. a. O., § 1178 und die oben S. 56 Anm. 5 erwähnte Literatur. In Frankreich unterscheidet man zwischen dem qualifizierten und dem komplexen Geständnis. Das qualifizierte Geständnis modifiziert die Tatsachen des gegnerischen Vorbringens, das komplexe fügt demselben neue Tatsachen hinzu. Das qualifizierte Geständnis ist dieser Ansicht nach immer unteilbar, das komplexe nur, soweit der Zusatz im inneren Zusammenhang mit dem gegenteiligen Vorbringen steht. Wann das der Fall ist, ist sehr bestritten. Nach BARTIN bei AUBRY et RAU (a. a. O., § 751 Anm. 25 bis und 26 bis) ist das komplexe Geständnis dann unteilbar, wenn der Zusatz eine normale Folge (suite ordinaire) des ersten Teiles ist.

Zur rechtspolitischen Unterstützung dieses Grundsatzes werden zwei Argumente angeführt[1]. Zunächst einmal wird behauptet, die Unteilbarkeit sei ein Postulat der Logik. Das Geständnis bildet als Ganzes einen einzigen Gedanken. Man darf ihn nicht nach Willkür zersplittern, das Günstige aussuchen und das Ungünstige wegtun. Ferner behauptet man, daß die vermutlich redliche Partei, die die Behauptung des Gegners zugestanden hat, hinsichtlich der Beweislast nicht schlechter behandelt werden soll als die Partei, die sich darauf beschränkt, die gegnerischen Behauptungen zu leugnen. Und in der Tat hat die ganze Lehre von der Unteilbarkeit des Geständnisses in der Beweislast ihren Schwerpunkt. Die Verurteilung des Beklagten B, der nicht das Zustandekommen des Darlehens zugestanden hat, hängt von dem Erfolg des vom Kläger zu führenden Beweises des Zustandekommens des Darlehens ab. Wenn nun der Beklagte redlich ist und das Zustandekommen des Darlehens gesteht, behauptet aber weiter, daß er es zurückgegeben hat, so sollte seine Befreiung bei Unteilbarkeit des Geständnisses von dem Erfolg des von ihm geführten Beweises der Zahlung abhängen. Obwohl in diesem Gedanken etwas Richtiges steckt, scheint mir das ganze Institut der Unteilbarkeit als etwas Künstliches, das an die Zeit der gesetzlichen Beweistheorie erinnert. Seine Anwendung führt zu unbilligen Ergebnissen. Nehmen wir in unserem Beispiel an, daß der Kläger A das qualifizierte Geständnis des Beklagten B nicht angenommen hat. Dann hat er versucht, den Klagegrund, d. h. das Zustandekommen des Darlehens, zu beweisen. Das ist ihm nicht gelungen. In diesem Fall wird die Klage abgewiesen, da das Darlehen nicht bewiesen ist, obwohl der vermutlich nach dem Gesetz gutgläubige Beklagte das Zustandekommen des Darlehens schon zugestanden hat(!). Aus diesen Gründen bin ich der Meinung, daß die Unteilbarkeit des Geständnisses abgeschafft werden muß. Der Richter wird bei seiner Beweiswürdigung die wirklich redliche Partei, die die wahren Behauptungen des Gegners zugestanden hat, mit größerem Vertrauen behandeln. Die Regelung dieser Frage in der deutschen (§ 289) und der österreichischen (§ 266, 2) ZPO. scheint mir besser zu sein.

Die Unteilbarkeit des qualifizierten Geständnisses verfolgt den Zweck, den Beweis des zweiten Teiles nicht auf den Gestehenden fallen zu lassen. Daraus ergibt sich, daß der Gegner sich darauf beschränken kann, die Unwahrheit des ihm ungünstigen zweiten Teiles des Geständnisses zu beweisen[2]. In diesem Falle kann er den ersten Teil annehmen,

[1] Vgl. BONNIER: a. a. O. I, Nr. 356, S. 450; LIBADAS: a. a. O., Nr. 1178, S. 629 und insbesondere LESSONA: a. a. O. Bd. 1, Nr. 605 und die dort angegebene Literatur.

[2] OIKONOMIDES-LIBADAS: a. a. O., § 176 Anm. 12. — LIBADAS: a. a. O., § 1178, S. 629f. — AUBRY et RAU-BARTIN: a. a. O., § 751, S. 129. — LESSONA: a. a. O. Bd. 1, Nr. 606.

ohne ihn zu beweisen; z. B. der Beklagte behauptet: „Ich habe das Darlehen bekommen, aber der Vertrag ist ungültig, weil ich in dieser Zeit geschäftsunfähig war." Wenn der Kläger die Unwahrheit des Zusatzes beweist, d. h. beweist, daß der Beklagte in der Zeit des Zustandekommens des Darlehens geschäftsfähig war, so kann er den ersten Teil des Geständnisses, d. h. das Zustandekommen des Darlehens, annehmen, ohne ihn zu beweisen zu brauchen.

Damit die Unteilbarkeit des Geständnisses eine praktische Bedeutung erlangt, muß der dem Gegner ungünstige Zusatz eine Tatsache sein, die normalerweise — d. h. ungeachtet der Verschiebung der Beweislast durch die Unteilbarkeit des Geständnisses — von dem Gestehenden zu beweisen ist, und es darf nicht eine Tatsache sein, die normalerweise der Gegner zu beweisen hat[1]. Denn letzterenfalls bleibt die Verteilung der Beweislast bei Teilbarkeit und Unteilbarkeit dieselbe. Ein Beispiel, in welchem Teilbarkeit und Unteilbarkeit des Geständnisses die Beweislast nicht berühren kann, sei folgendes: Der Beklagte sagt: „Kläger A hat mir 1000 M. gegeben, aber nicht als Darlehen, wie er behauptet, sondern als Schenkung." Der A muß bei Unteilbarkeit des Geständnisses die Absicht des Darlehens beweisen, dagegen nicht die Hingabe des Geldes. Aber die Absicht des Darlehens muß er unter allen Umständen — auch bei Teilbarkeit des Geständnisses — beweisen. So auch im Fall der exceptio non adimpleti contractus.

Ein weiterer Unterschied zwischen dem griechischen und dem deutschen Recht besteht in dem Widerrufe des gerichtlichen Geständnisses. Das gerichtliche Geständnis ist im griechischen Recht widerruflich schon bei dem Nachweis, daß es durch einen Irrtum über Tatsachen veranlaßt ist[2]. Ein Beweis der inhaltlichen Unwahrheit des Geständnisses ist nicht nötig und andererseits nicht genügend[3]. Ferner ist das Geständnis widerruflich, wenn es von einem Anwalt ausgeht entgegen den von der

---

[1] Das wird in der Literatur sehr oft nicht beachtet. Oikonomides-Libadas (a. a. O., § 176) behauptet, es sei ein unteilbares Geständnis, wenn der Gestehende einen Zusatz zufügt, der dem Klagegrund gehört (vgl. auch seine a. a. O. Anm. 4 angegebenen Beispiele). Den Klagegrund hat aber der Kläger zu beweisen. Die Unteilbarkeit hat in diesen Fällen keinen Sinn. So führt — um ein Beispiel aus der französischen Literatur zu erwähnen — Colin-Capitant (Cours élémentaire de droit civil français, S. 244—245, 1923[3]) als Beispiel der Unteilbarkeit des Geständnisses einen Fall an, in welchem die Unteilbarkeit gar keine praktische Bedeutung hat.

[2] Vgl. § 269, 1 Gr. ZPO.; so auch § 1356, 4 c. c. und § 1360, 3 c. c. it.; Aubry et Rau-Bartin: a. a. O., § 751, S. 118.

[3] Anders bekanntlich § 290 Dtsch. ZPO. Vgl. Goldschmidt: a. a. O., § 34, 3. In Österreich (§ 266, 2 ZPO.) ist die Wirkung des Widerrufes des Geständnisses nach sorgfältiger Erwägung aller Umstände vom Gericht zu ermessen.

Partei ihm gegebenen Anweisungen. Die Partei kann durch ausdrückliche Erklärung in der Vollmachturkunde dem Anwalt das Recht zum Geständnisse entziehen. In diesem letzten Fall kann die Partei ohne weiteres das Geständnis widerrufen.

Die Geständnisfähigkeit steht nur derjenigen Partei zu, die eine Verfügungsmacht über den Streitgegenstand hat. Es genügt nicht die Prozeßfähigkeit und die Sachlegitimation. Wenn einer Partei eine solche Verfügungsmacht fehlt, dann bleibt das von ihr ausgehende Geständnis unbeachtet. Das gerichtliche Geständnis kann entweder spontan sein oder durch Frage des Gerichts oder des Gegners veranlaßt werden. Das Gericht kann das persönliche Erscheinen der Parteien anordnen: es kann ihnen Fragen stellen. Auch der Gegner kann Fragen stellen, wenn er dazu die Erlaubnis vom Gericht erlangt hat (vgl. §§ 171, 772, 76 Gr. ZPO.)[1]. Das Schweigen aber oder die Weigerung einer Partei, eine Antwort auf diese Fragen zu geben, darf nicht unter allen Umständen als ein Geständnis angesehen werden. Ein besonderes Verfahren zur Parteivernehmung wie „l'interrogatoire sur faits et articles" der französischen ZPO. (§§ 324—336) ist in die Gr. ZPO. nicht aufgenommen[2].

---

[1] Ein solches, durch Frage des Gerichts oder des Gegners veranlaßtes Geständnis kommt in der Praxis sehr selten vor. Es setzt eine wirklich mündliche Verhandlung voraus, die meistens nur auf dem Papier steht.

[2] Das prozessuale Institut des „interrogatoire sur faits et articles", das auch in der italienischen ZPO. sich findet, besteht in folgendem: Jede Partei kann vom Gericht verlangen, daß es die Vernehmung des Gegners anordnet. In ihrem Gesuch, das dem Gegner nicht bekannt zu werden braucht, muß die Partei die Punkte bezeichnen, in welchen sie die Vernehmung ihres Gegners fordert. Das Gericht kann die Vernehmung anordnen und einen beauftragten oder ersuchten Richter dazu bestimmen. Dieser Richter bestimmt unter dem die Vernehmung anordnenden Urteil die Zeit der Parteivernehmung. Dann muß das Urteil der zu vernehmenden Partei zugestellt werden, mindestens 24 Stunden vor der für die Vernehmung bestimmten Zeit. Jetzt erst bekommt die zu vernehmende Partei von der ganzen Angelegenheit Nachricht. In dem Urteil stehen die Punkte, über welche die Partei vernommen werden soll. Die Partei ist verpflichtet, persönlich zu erscheinen. Sie darf keinen Beistand mitnehmen und keine schriftliche Antwort vorlesen. Der Gegner darf nicht der Parteivernehmung beiwohnen. Der Richter ist befugt, seine Fragen auch auf andere, nicht im Urteil erwähnte Punkte auszudehnen. Die Partei, die ohne wichtigen Grund nicht erscheint oder nicht antwortet, ist so zu behandeln, als ob sie die in den Fragen behandelten Tatsachen zugestanden hätte. Vgl. GARSONNET-CEZAR-BRU: Traité de procédure civile Bd. 2, Nr. 285—293. 1912. — GLASSON-TISSIER: Traité de procédure civile Bd. 2, Nr. 689—692. 1926 [3]; P. CUCHE, Précis de procédure civile, Nr. 461—464, S. 524f. — Neben diesem Institut besteht auch in Frankreich die Erscheinungspflicht der Partei vor dem Gericht, die sog. „comparation personnelle des parties" (§ 119 Französ. ZPO.). Vgl. GARSONNET-CEZAR-

2. Außergerichtliches Geständnis.

Das außergerichtliche Geständnis wird in vielen Punkten anders als das gerichtliche behandelt (Gr. ZPO §§ 265 ff.). Es bindet den Gestehenden nicht, soweit es vom Gegner nicht angenommen ist. Da es außerhalb des Gerichts geschieht, muß es bewiesen werden. Wenn die zu beweisende Tatsache nicht durch Zeugen bewiesen werden darf, kann auch das sie enthaltende außergerichtliche Geständnis nicht durch Zeugen bewiesen werden. Das außergerichtliche Geständnis ist vor der Annahme immer widerruflich, nach der Annahme nur wegen Irrtums. Das vom Gegner nicht angenommene Geständnis kann aber vom Gericht als Indiz berücksichtigt werden. Die Unteilbarkeit findet hier keine Anwendung[1]. Das Gesetz ist in der Behandlung des außergerichtlichen Geständnisses ziemlich unklar. Aus diesem Grunde ist vieles hier bestritten.

Der Vergleich des griechischen Geständnisrechts mit dem deutschen führt zu dem Ergebnis, daß das griechische Recht

a) durch die Unteilbarkeit des gerichtlichen Geständnisses und die erleichterte Möglichkeit seines Widerrufes dem Gestehenden günstiger ist als das deutsche;

b) durch die Unteilbarkeit des gerichtlichen Geständnisses und durch die gesetzliche Normierung des außergerichtlichen den Richter mehr als das deutsche Recht in seiner Beweiswürdigung einschränkt.

II. Eid.

Nach der griechischen ZPO. gibt es im Prozeß, wie im deutschen Recht, drei Arten des Parteieides, nämlich den zugeschobenen, den richterlichen und den Schätzungseid. Der Eid hat im griechischen Recht einen religiösen Charakter[2]. In der Literatur ist aber angenommen,

---

Bru: a. a. O., Nr. 294—296. Da kann das Gericht öffentlich die Partei fragen. Nach Glasson et Tissier (a. a. O., Nr. 692, S. 832—833) wird von den französischen Zivilgerichten oft von dieser persönlichen öffentlichen Parteivernehmung Gebrauch gemacht. Selten braucht man „l'interrogatoire sur faits et articles" (im Jahre 1909 305, 1910 348, 1911 346 Fälle). Über das Institut des „interrogatoire" in Italien verweise ich auf Chiovenda: Principii di diritto processuale civile, S. 819f. 1923. Vgl. dazu auch über die Parteivernehmung der österreichischen ZPO. bei Rühl oben S. 18f.

[1] Libadas: a. a. O., §§ 1179 und 1180.

[2] § 373 Gr. ZPO. Anders nach französischer ZPO., wo der Schwörende nur die Worte „je jure" aussprechen muß. Keine Gottesanrufung ist erforderlich (vgl. Garsonnet-César-Bru: a. a. O. Bd. 2, Nr. 305, S. 502; Bonnier: a. a. O. Bd. I, Nr. 420. — So auch in Italien. Der Schwörende spricht nur das Wort „giuro" aus (vgl. Lessona: a. a. O., Bd. 2, Nr. 5, S. 10f.). Dagegen hat der Parteieid nach den neuen italienischen Entwürfen einen religiösen Charakter. Der Schwörende soll die Worte „giuro davanti a Dio"

daß diejenigen, die einer Religion angehören, die den Eid unter Anrufung Gottes durchaus verbietet, auch ohne Anrufung Gottes den Eid leisten können. Dagegen kann niemand die Anrufung Gottes mit der Behauptung vermeiden, daß er keiner Religion angehöre[1].

1. Zugeschobener Eid.

Der zugeschobene Eid ist zulässig nur über Tatsachen, aber über alle Tatsachen, nicht nur für eigene Handlungen und Wahrnehmungen des Delaten, sondern auch für Handlungen und Wahrnehmungen des Gegners oder eines Dritten (§ 351 Gr. ZPO.). Letzterenfalls liegt ein Überzeugungseid vor. So ist im griechischen Recht der Überzeugungseid viel häufiger, als nicht nur im deutschen, sondern auch im französischen Prozeß[2]. Die Eidesleistung über Tatsachen, die nicht von dem Schwörenden wahrgenommen sind, ist außerordentlich gefährlich. Es läßt sich streiten darüber, ob der zugeschobene Eid als Beweismittel im Prozeß bestehen bleiben soll oder nicht. Es ist jedoch klar, daß der Überzeugungseid soviel wie möglich zu vermeiden ist. Er ist das zur Erforschung der Wahrheit am wenigsten geeignete Beweismittel. Ferner braucht der Gegenstand des Beweises nicht eine bestimmte Tatsache zu sein. Eine Vorschrift wie § 451 der deutschen ZPO. fehlt in der griechischen ZPO.[3].

Die Eideszuschiebung ist immer statthaft (§ 351 Gr. ZPO.). Es ist gleichgültig, ob es andere Beweismittel gibt oder nicht. Es ist ferner gleich, ob das Gericht durch den schon erhobenen Beweis überzeugt ist oder nicht. Die Eideszuschiebung drängt jeden anderen Beweis-

aussprechen (vgl. Entwurf CARNELUTTI, § 114 und Entwurf der Kommission, § 194). CARNELUTTI, Grundlinien der Neuordnung des Erkenntnisverfahrens in Italien in Zeitschrift für ausländisches und internationales Privatrecht Bd 3 (1929), S. 25.

[1] OIKONOMIDES-LIBADAS: a. a. O., § 196 Anm. 12. — LIBADAS: a. a. O., § 1339. Für das deutsche Recht kommt jetzt bekanntlich Art. 177 RV. in Betracht (vgl. ROSENBERG: a. a. O., § 123 I).

[2] § 445 Dtsch. ZPO. — ROSENBERG: a. a. O., § 125 I, 1. — GOLDSCHMIDT: a. a. O., § 49, 3. Nach § 1359 c. c. kann der Eid nur über eigene Wahrnehmungen (so ist der „fait personnel“ aufzufassen) dem Schwörenden zugeschoben werden. BONNIER: a. a. O. I, Nr. 472. — GARSONNET-CÉZAR-BRU II, Nr. 302. Es ist bestritten, ob ein Eid über Handlungen und Wahrnehmungen eines Rechtsvorgängers oder eines Vertreters zugeschoben werden kann. Vgl. AUBRY et RAU-BARTIN: a. a. O. XII, § 753 Anm. 21. Nach der herrschenden Meinung ist in Frankreich der Überzeugungseid nur in zwei Fällen zulässig, wo das Gesetz ihn ausdrücklich gestattet. Diese Fälle sind § 2275 c. c. und § 189 c. com. — Dagegen gestattet der § 1365 c. c. it. immer die Zuschiebung eines Überzeugungseides (sulla semplice notizia d'un fatto). Vgl. LESSONA: a. a. O., Bd. 2, Nr. 215.

[3] Vgl. W. KISCH: Die bestimmte Bezeichnung der Eidestatsache. Straßb. Festschr. für PAUL LABAND S. 163. 1908.

zurück. Beschränkungen wie die der §§ 453 und 446 der deutschen ZPO. finden wir im griechischen Beweisrecht nicht. Nur wenn eine Partei mit dem Vorbringen anderer Beweismittel gleichzeitig einen Eid zuschiebt, dann gilt, nach gesetzlicher Vermutung, die Eideszuschiebung als subsidiär, d. h. sie wirkt nur, wenn die anderen Beweismittel den Richter nicht überzeugt haben (§ 253, 3 Gr. ZPO.).

Für die Eideszuschiebung ist eine Verfügungsmacht über den Prozeßgegenstand erforderlich[1]. Die Eideszuschiebung erfolgt nach freiem Ermessen des Gerichts, entweder durch ein Beweisurteil oder durch ein bedingtes Endurteil. Das Urteil enthält das genaue Beweisthema.

Der Eid soll an die Partei selbst zugeschoben werden. Eine wichtige (nicht die einzige) Ausnahme bildet die Zulässigkeit der Eideszuschiebung an den Vormund eines Unmündigen (§ 361 Gr. ZPO.). Ein zugeschobener Eid an einen Dritten ist, wenn auch die Parteien einig sind, als Beweismittel ausgeschlossen. Die Eideszuschiebung hat im griechischen Recht grundsätzlich dieselben Wirkungen wie im deutschen Recht. Eine Besonderheit liegt darin, daß die Zurückschiebung des Eides *immer* statthaft ist (keine Beschränkung wie die des § 448 der deutschen ZPO.)[2].

Bezüglich des Widerrufs der Eideserklärungen ist das griechische Recht sehr einfach. Der Widerruf der Eideszuschiebung oder Zurückschiebung ist bis zur Annahme seitens des Gegners statthaft. Nach der Annahme ist jeder Widerruf ausgeschlossen. Die Partei, die eine Eideszuschiebung oder Zurückschiebung widerrufen hat, kann nicht später eine neue Zuschiebung oder Zurückschiebung über denselben Gegenstand vornehmen. Ein Widerruf der Annahme ist immer ausgeschlossen.

2. Richterlicher Eid.

Sein Gegenstand wird wie beim zugeschobenen Eid geregelt. Im ganzen stimmt das deutsche Recht mit dem griechischen überein. Es sei nur erwähnt, daß in Ehescheidungsprozessen der richterliche Eid überhaupt nicht statthaft ist.

3. Der Schätzungseid.

Der Schätzungseid ist zulässig unter folgenden zwei Voraussetzungen:

a) Das Bestehen der Forderung oder des Schadens soll bewiesen sein;

---

[1] Siehe auch in Frankreich (GARSONNET-CÉZAR-BRU: a. a. O. Bd. 4, S. 301) und Italien (LESSONA: a. a. O. Bd. 2, Nr. 122). Bei Ehescheidungsprozessen ist der zugeschobene Eid auch für die nicht sog. ehefeindlichen Tatsachen unstatthaft.

[2] Wie das deutsche Recht (vgl. ROSENBERG: a. a. O., § 1252b) auch § 1362 c. c. und § 1369 c. c. it., obwohl der letztere den Überzeugungseid immer gestattet.

b) zu gleicher Zeit muß es unmöglich sein, die Höhe der Forderung oder des Schadens beweisen zu können. Wenn beide Voraussetzungen vorliegen, kann das Gericht dem Berechtigten einen Eid auferlegen, um die Höhe seiner Forderung bzw. seines Schadens zu bestimmen. In der Anordnung des Gerichts muß ein Höchstbetrag bestimmt sein (§ 383 Gr. ZPO.)[1].

III. Zeugen.

Die rechtsvergleichende Betrachtung des Zeugenbeweises im Zivilprozeß teilt die verschiedenen Gesetzgebungen in zwei Gruppen ein, in diejenigen, die den Zeugenbeweis immer gestatten und diejenigen, die den Zeugenbeweis beschränken. Die griechische ZPO. ist, soviel ich sehe, die Gesetzgebung, in welcher der Zeugenbeweis am stärksten beschränkt ist[2].

Zunächst soll untersucht werden, welche juristischen Tatsachen nicht durch Zeugen bewiesen werden können.

A. Das Gesetz lautet ganz allgemein:

„Gegenstände, deren Summe oder Wert mehr als 50 Drachmen übersteigt, können nicht durch Zeugen bewiesen werden" (§ 300 Gr. ZPO.). Weiter, in § 304 Gr. ZPO., werden kasuistisch die Ausnahmen von dieser Regel aufgeführt. Ich werde versuchen, hier eine systematische Darstellung der Tatsachen, bei denen der Beweis durch Zeugen unzulässig ist, zu geben und dabei die wertvolle Einteilung der juristischen Tatsachen, die die deutsche Rechtswissenschaft unternommen hat, auf diesem Gebiete zu verwerten. Ich folge der Einteilung von ENNECCERUS[3].

Die Zeugenbeschränkung besteht nur für den Beweis der juristischen Handlungen, nicht der sonstigen juristischen Tatsachen (natürlich auch nicht der inneren Zustände der Menschen, z. B. guter Glaube, Vorsatz, Irrtum, Fahrlässigkeit usw.). Innerhalb der juristischen Handlungen besteht die Zeugenbeschränkung:

a) Für Rechtsgeschäfte, und zwar nur für Verträge (auch Gesamtakte oder Beschlüsse) und für einseitige Rechtsgeschäfte, die eine empfangsbedürftige Willenserklärung enthalten (z. B. Kündigung).

---

[1] Vgl. LIBADAS: a. a. O., §§ 1348—1351.

[2] Die Beschränkung des Zeugenbeweises in den heutigen Gesetzgebungen hat ihre Wurzel im c. c. Das griechische Recht stimmt, soweit es die Tatsachen angeht, die nicht durch Zeugen bewiesen werden können, mit dem französischen überein. Bezüglich des Wertes des Streitgegenstandes ist das griechische Recht viel strenger (50 Drachmen) als das französische (500 Franken). Das italienische Recht beschränkt den Zeugenbeweis nur, soweit die zu beweisende Tatsache ein Vertrag ist und einen Wert über 2000 Lire hat (§ 1341 c. c. it.). Näheres bei RÜHL oben S. 24 ff.

[3] ENNECCERUS: Allgemeiner Teil des BGB., § 128.

Dagegen gibt es keine Zeugenbeschränkung bei dem Beweise der sonstigen einseitigen Rechtsgeschäfte (z. B. Aneignung);

b) für die meisten Rechtshandlungen, und zwar

aa) für Aufforderungen (z. B. Mahnungen);

bb) für Androhungen (z. B. der Schuldner erklärt dem im Annahmeverzug befindlichen Gläubiger, daß er die Waren für seine Rechnung verkaufen werde);

cc) für Mitteilungen (z. B. für die Mitteilung des Gläubigers an den Schuldner, daß die Forderung abgetreten sei);

dd) für Weigerungen (der Gläubiger weigert sich, die geschuldete Leistung anzunehmen).

Anders bei Willensäußerungen, die ein eigenes Tun oder Unterlassen begleiten (z. B. der Wille, ein Geschäft für einen anderen zu führen). Letzterenfalls ist die zu beweisende Tatsache ein innerer Zustand, der immer durch Zeugen bewiesen werden darf.

Für sonstige juristische Handlungen, d. h. für Realakte (z. B. Spezifikation) und unerlaubte Handlungen ist selbstverständlich jede Einschränkung des Zeugenbeweises ausgeschlossen. Der Zeugenbeweis ist also unzulässig für das Zustandekommen und den Inhalt der Verträge und der empfangsbedürftigen einseitigen Rechtsgeschäfte, wie auch der empfangsbedürftigen Rechtshandlungen, wenn der Streitgegenstand den Wert von 50 Drachmen übersteigt[1]. Wie der Wert des Streitgegenstandes bemessen wird, kann ich hier beiseite lassen. Vor dem Kriege galt 1 Mark 1,25 Drachme, jetzt ist 1 Mark 18 Drachmen (ungefähr) wert. Vor dem Kriege konnte man vielleicht einen Prozeß unter 50 Drachmen finden, jetzt aber findet man kaum einen solchen. Daraus ergibt sich, daß in den obenerwähnten Fällen der Zeugenbeweis immer ausgeschlossen ist. Diese Regel erleidet folgende wichtige Ausnahmen:

1. Bei Handelsgeschäften kann das Gericht den Zeugenbeweis erlauben[2]. Bei einem Handelsgeschäft, das ein solches nur für die eine

[1] Wenn wir die Einteilung der juristischen Handlungen, die VON TUHR (Der allgemeine Teil des deutschen bürgerlichen Rechts Bd. 2, 1, §§ 48 und 53, 1914) unternommen hat, hier zu verwerten versuchen, können wir die Tragweite der Zeugenbeschränkung folgenderweise formulieren: Der Zeugenbeweis wird beschränkt in bezug: a) auf einseitige Rechtsgeschäfte, die gegenüber einem anderen abgegeben werden sollen (§ 53, S. 205); b) auf Verträge (§ 53, S. 220) und Mehrheitsbeschlüsse (§ 53 IV, S. 232); c) auf Rechtshandlungen (§ 48 II, 1 b, S. 106f.); d) auf Vorstellungsmitteilungen (§ 48 II, 2, S. 113f.). — Dagegen gibt es keine Zeugenbeschränkung in bezug: a) auf Tathandlungen (§ 48 II, 1 c, S. 110) und b) auf Gefühlsäußerungen § 48 II, 3), die nicht einem anderen abgegeben werden sollen.

[2] § 304, 1 Gr. ZPO.; § 25 Gr. HGB. So auch in Frankreich (§ 1341, 2 c. c.; §§ 49 und 109 c. com.; AUBRY et RAU-BARTIN: a. a. O., Bd. 12, § 763 bis) und in Italien (§ 1341, 2 c. c. it.; § 44 c. com. it.; LESSONA: a. a. O. IV, Nr. 107f.). Die Ausnahme findet auf einige wichtige Handelsgeschäfte nicht Anwendung (vgl. LIBADAS: a. a. O., § 1258).

Partei, nicht aber für die andere ist, ist der Zeugenbeweis nur gegen denjenigen erlaubt, für welchen das Rechtsgeschäft (im weiteren Sinne) ein Handelsgeschäft ist, dagegen nicht gegen den Gegner. Im griechischen Recht gilt das Prinzip des französischen Rechts, nach dem bei einseitigen Handelsgeschäften grundsätzlich die Bestimmungen des Handelsrechts nur gegen die eine der Parteien (der gegenüber das Rechtsgeschäft ein Handelsgeschäft ist), nicht aber auch gegen die andere Partei Anwendung finden. Das Gericht ist befugt, den Zeugenbeweis zu erlauben. Es ist aber nicht dazu verpflichtet. In der Praxis kommt es, soviel ich weiß, sehr selten vor, daß bei Handelssachen die Zeugenvernehmung vom Gericht verboten wird.

2. Wenn die Ausstellung einer Urkunde den Umständen nach unmöglich gewesen ist. Hier liegt eine relative Unmöglichkeit vor. Die juristische Handlung als solche konnte wohl beurkundet werden, aber wegen der Umstände, unter denen sie geschehen ist, war eine Beurkundung nicht möglich. Das Schulbeispiel ist die Schließung eines Vertrages in einer Wüste. Man kann aber an wahrscheinlichere Fälle denken. Es gibt im modernen Leben eine Reihe von Geschäften, die wegen der Schnelligkeit des Verkehrs oder anderer Gründe nur mündlich verabredet werden können (z. B. Verträge zwischen Arzt und Patient, Hausherr und Dienstmädchen, Kunde und Rechtsanwalt, Kauf des Stoffes für einen Anzug oder Kauf zweier Bücher usw.)[1]. Die Unmöglichkeit kann auch bloß moralisch sein, wegen des zueinander bestehenden Vertrauens, z. B. zwischen Ehegatten, Brüdern, intimen Freunden, Verlobten usw. Eine Unmöglichkeit besteht bei den durch das Telephon geschlossenen Verträgen, bei den Verträgen auf Märkten und Messen usw. Die Unmöglichkeit muß weit aufgefaßt werden. Man muß immer die jeweiligen Verkehrssitten berücksichtigen[2].

3. Wenn der Beweisführende beweist, daß eine Urkunde bestand, aber daß sie später zufällig (d. h. ohne eigene Schuld) untergegangen ist, dann wird der Zeugenbeweis über den Inhalt der Urkunde gestattet (§ 304, 2 Gr. ZPO.).

4. Wenn eine Urkunde die Behauptung einer Partei wahrscheinlich macht, ist es der Partei gestattet, zur Ergänzung des Beweises einen Zeugenbeweis zu führen. — Das ist der in Frankreich bestehende sog. „commencement de preuve par écrit“ (§ 1347 c. c.) und in Italien „principio di prova per iscritto“ (§ 1347 c. c. it.). Es gibt aber einen

---

[1] Einen schriftlichen Vertrag in diesen Fällen zu fordern, wäre eine Pedanterie.

[2] Aus der griechischen Literatur vgl. OIKONOMIDES-LIBADAS: a. a. O., § 189. — LIBADAS: a. a. O., §§ 1263—1277. — EUKLEIDES: § 218. — Wegen der Einzelheiten muß auf die Darstellung des französisch-italienischen Rechts durch RÜHL (oben S. 28 ff.) verwiesen werden.

wesentlichen Unterschied zwischen dem griechischen einerseits und dem französischen und italienischen Recht andererseits. Nach dem griechischen Recht muß, damit ein Anfang eines schriftlichen Beweises besteht, die Urkunde nicht formwidrig ausgestellt sein. Wenn die Urkunde formwidrig ist, dann kann der Beweis nicht durch Zeugen ergänzt werden[1]. Anders in Frankreich und Italien, wo der Anfang eines schriftlichen Beweises eine wichtigere Rolle spielt[2].

Das Verbot des Zeugenbeweises besteht überall nur für diejenigen Personen, die in den zu beweisenden Rechtsgeschäften oder Rechtshandlungen eine Erklärung abgegeben haben. So ist bei Verträgen der Zeugenbeweis für jeden der Vertragschließenden unzulässig. Bei einseitigen empfangsbedürftigen Rechtsgeschäften und Rechtshandlungen ist der Zeugenbeweis nur für den Erklärenden unzulässig. So z. B. bei einer Kündigung ist der Zeugenbeweis für den Kündigenden unzulässig, dagegen nicht für denjenigen, an den die Kündigung ergeht; bei einer Mitteilung des Gläubigers, daß die Forderung abgetreten ist, ist der Zeugenbeweis für den mitteilenden Gläubiger unzulässig, nicht aber für den Schuldner[3]. Bestritten ist, ob der Zeugenbeweis auch unzulässig ist, wenn diese Personen nicht mit dem anderen Vertragschließenden oder mit demjenigen, an den das einseitige empfangsbedürftige Rechtsgeschäft oder die Rechtshandlung gerichtet ist, den Prozeß führen, sondern mit einem Dritten, an dem betreffenden Rechtsgeschäft (im weiteren Sinne) nicht Beteiligten. Die affirmative Beantwortung des Problems ist meines Erachtens die richtige[4].

B. Ferner ist der Zeugenbeweis gegen den Inhalt einer Urkunde immer ausgeschlossen, ungeachtet des Streitwertes[5]. Es gilt der bekannte Satz: „Contra scriptum testimonium, testimonium non scriptum non datur.“ Die Ausnahmen des früheren Falles finden auch hier Anwendung, ebenso die persönliche Begrenzung des Zeugenverbotes.

---

[1] §§ 305 und 402 Gr. ZPO.; Libadas: a. a. O., § 1278f.

[2] § 1347 c. c., § 1347 c. c. it. erwähnen nicht die Formmäßigkeit als notwendiges Erfordernis. Vgl. Aubry et Rau-Bartin: a. a. O., § 764, S. 360f. — Lessona: a. a. O. Bd. 3, Nr. 99f. Dagegen ist nach französischem und italienischem Recht erforderlich, daß die Urkunde von dem Gegner und nicht von einem Dritten ausgeht, was die griechische ZPO. nicht fordert.

[3] Bei empfangsbedürftigen einseitigen Rechtsgeschäften kann der schriftliche Beweis bestehen entweder in einer schriftlichen Empfangserklärung des Gegners oder in einer Zustellung.

[4] Vgl. auch die ausführliche Darstellung von Lessona: a. a. O., Bd. 3, Nr. 98.

[5] Die Willensmängel können immer durch Zeugen bewiesen werden. Nicht aber die Simulation, weil nicht ein innerer Zustand, sondern eine Vereinbarung gegen den Inhalt des Rechtsgeschäftes ist (Libadas: a. a. O., § 1272f.).

Ob diese Regelung rechtspolitisch zu billigen ist, ist schwer zu beurteilen[1]. Wir wissen aus der Psychologie, daß die Zeugenaussage ein sehr gefährliches Mittel zur Wahrheitserforschung ist. Wir wissen aus der Erfahrung, daß die bewußt falsche Aussage nicht selten vorkommt. Die Schriftlichkeit andererseits dient zur Verkehrssicherheit. Sie klärt die Grenzen zwischen den vorausgehenden Verhandlungen und dem abgeschlossenen Vertrag. Die Streitigkeiten und infolgedessen die Prozesse über den Inhalt des Vertrages sucht man nach Möglichkeit zu vermeiden. Der Prozeß ist bei einem schriftlichen Beweis schneller, leichter und sicherer zu beurteilen.

Andererseits aber ist der Zwang zum schriftlichen Beweis ein Hindernis im Verkehr, der heute nach Schnelligkeit und Formfreiheit strebt. Eine weitere Folge ist, daß gutgläubige Leute von bösgläubigen getäuscht werden.

Der Gesetzgeber soll in der Beurteilung dieser Frage die psychologische Bildung der Richter, die durchschnittliche Bildung und Redlichkeit des Volkes, die Ordnung des Wirtschaftslebens des Landes und die Gepflogenheiten des Volkes berücksichtigen. Insbesondere aber muß er prüfen, ob der Grundsatz der Unmittelbarkeit bei der Zeugenvernehmung in der Praxis zur Anwendung kommt. Beim Mangel der Unmittelbarkeit ist die Schätzung der Zeugenaussage sehr gefährlich.

Ich hätte für das griechische Recht — obwohl nicht ohne Bedenken — die Abschaffung der Beschränkung des Zeugenbeweises vorgeschlagen, wenn ich gewußt hätte, daß in der Praxis der Grundsatz der Unmittelbarkeit durchaus herrschte. Leider aber ist das Gegenteil der Fall. Ich bin also der Meinung, daß vorläufig die Zeugenbeschränkung bestehen bleiben soll. Sie muß sich aber nur auf Verträge beschränken wie im italienischen Recht; der Streitwert, bis zu dem der Zeugenbeweis zulässig bleibt, muß wenigstens auf 5000 Drachmen erhöht werden, die Ausnahmen müssen durch eine clausula generalis erweitert werden, wie die wirtschaftlichen Bedürfnisse und sozialen Anschauungen es fordern. Der Gesetzgeber darf sich nicht von einer solchen clausula generalis scheuen. Die clausula generalis, die dem Richter eine größere Macht gibt, ist eine sehr häufige Erscheinung der modernen Gesetzgebung[2].

Übrigens bringt das griechische Recht im Zeugenbeweis keine wichtigen Besonderheiten. Nur ein Punkt sei noch hervorgehoben: Die Zeugen, die ein Interesse an dem Ausgang des vorliegenden Prozesses haben, die Verwandten usw. einer der Parteien können nicht ihre Aussage verweigern und werden nicht unvereidigt vernommen. Nur der

---

[1] Vgl. RÜHL (oben S. 33ff.) und die dort angegebene deutsche und ausländische Literatur.

[2] Vgl. italienischen Entwurf CARNELUTTI §§ 140—141 und Entwurf der Kommission §§ 222—223.

Gegner kann sie ablehnen[1]. Wenn sie aber vom Gegner als Zeugen benannt sind, müssen sie vereidigt werden und aussagen (§ 324 Gr. ZPO.). Geistliche, Ärzte, Hebammen, Anwälte und Staatsbeamte können ihre Aussage verweigern, soweit sie nicht von ihrer Schweigepflicht befreit sind. Nicht vereidigt werden dürfen Unmündige unter 14 Jahren und die wegen schwerer Verbrechen Verurteilten (§ 331 Gr. ZPO.).

IV. Sachverständige.

Die griechische ZPO. versucht den Begriff der Sachverständigen zu definieren. Hiernach sind Sachverständige diejenigen Personen, deren Wahrnehmung oder Beurteilung auf einem besonderen Wissen beruht[2]. Es steht nichts im Wege, daß die in Deutschland von STEIN vertretene und jetzt herrschende Meinung, daß die Sachverständigen im Prozeß Erfahrungssätze entweder in ganz abstrakter Form oder in Anwendung auf den zu entscheidenden Fall, vortragen, auch nach griechischem Recht angenommen werde[3]. Im Gesetz steht nichts über die Sachverständigenzeugen des § 414 der deutschen ZPO. Die Literatur und Praxis behandelt sie als Zeugen[4].

Das Gericht kann von Amts wegen Sachverständige ernennen. Dazu ist es sogar verpflichtet und nicht bloß berechtigt, wenn eine ein besonderes Wissen voraussetzende Frage vorliegt[5].

Die Sachverständigen können durch Vereinbarung der Parteien ernannt werden. Wenn die Parteien sich nicht darüber einig sind, dann kann das Gericht die Sachverständigen ernennen. Regelmäßig sind es drei Sachverständige[6]. Es kann einer sein, wenn die Parteien damit ein-

---

[1] So auch in Frankreich (§ 283 Franz. ZPO.). Der Ausschlußgrund muß vom Gericht und nicht vom beauftragten oder ersuchten Richter beurteilt werden. So werden inzwischen die Zeugen vernommen werden. Das Gericht hat schon ihre Aussagen. Es darf sie aber nicht berücksichtigen. Gegen diese Regelung vgl. PAUL CUCHE: a. a. O., S. 520—522.

[2] So muß man § 291 Gr. ZPO. auslegen, obwohl das Gesetz nur über kunstmäßiges oder wissenschaftliches Wissen spricht (vgl. LIBADAS: a. a. O., § 1202f.). Vgl. aber auch Gr. ZPO. § 298, wo neben dem Besitz einer eigenen Kunst oder Wissenschaft auch ganz allgemein von einer besonderen Erfahrung die Rede ist.

[3] Das Neue, was der Sachverständige in den Prozeß einführt, sind Erfahrungssätze (vgl. STEIN: Das private Wissen, S. 59. — GOLDSCHMIDT: a. a. O., § 48).

[4] OIKONOMIDES-LIBADAS: a. a. O., § 179 Anm. 4.

[5] OIKONOMIDES-LIBADAS: a. a. O., § 179 Anm. 5. — LIBADAS: a. a. O., § 1207. — EUKLEIDES: a. a. O., § 196 Anm. 1. Allerdings ist die Frage bestritten. Das Gegenteil wird in Deutschland von der herrschenden Meinung angenommen. — Anders GOLDSCHMIDT Zivilprozeßrecht, § 48, 1929, wenn der Sachverständigenbeweis von einer Partei beantragt ist.

[6] § 292 Gr. ZPO. So auch §§ 304 und 305 Franz. ZPO. Das griechische Recht unterscheidet sich vom französischen dadurch, daß im ersteren

verstanden sind[1]. Der herrschenden Ansicht nach können auch Unmündige, Frauen und Ausländer zu Sachverständigen ernannt werden[2].

Eine öffentlich-rechtliche Pflicht zur Gutachtertätigkeit besteht nach der griechischen ZPO. nicht. Die ernannten Sachverständigen sind frei, ihre Begutachtung zu verweigern. Wenn sie aber nach der Annahme ihrer Mission ihre Tätigkeit aufgeben, sind sie zum Schadenersatz verpflichtet[3]. Eine so weitgehende Pflicht wie im deutschen Recht besteht im griechischen Recht nicht[4]. Die Parteien können die vom Gericht ernannten Sachverständigen ablehnen, wenn ein Grund besteht, der geeignet ist, einen Zeugen auszuschließen[5].

Im Gegensatz nicht nur zum deutschen, sondern auch zum französischen und italienischen Recht[6] hat im griechischen Recht das Gutachten der Sachverständigen bindende Kraft, wenn die Sachverständigen drei sind und die zu beurteilende Frage besondere Erfahrung, technische oder wissenschaftliche Kenntnisse voraussetzt (§ 298 Gr. ZPO.)[7]. Diese

---

die Vereinbarung der Parteien vor dem Erlaß des Beweisurteils vorgenommen werden soll, dagegen sind im letzteren die Parteien befugt, auch innerhalb dreier Tage nach der Zustellung des Beweisurteils die Sachverständigen zu ernennen.

[1] So auch § 303 Franz. ZPO. Dagegen können in Italien in allen Fällen ein oder drei Sachverständige ernannt werden (§ 253 Ital. ZPO.). Vgl. CHIOVENDA: a. a. O., S. 839. Nach der griechischen Novelle vom 18. Mai 1914 kann auch das Gericht einen Sachverständigen ernennen, wenn der Gegenstand minderwertig ist.

[2] Vgl. LIBADAS: a. a. O., § 1208.

[3] § 294 Gr. ZPO.; LIBADAS: a. a. O., § 1212. So auch in Frankreich § 316 Franz. ZPO.; GARSONNET-CÉZAR-BRU: a. a. O., Bd. 2, Nr. 353).

[4] § 407 Dtsch. ZPO; GOLDSCHMIDT: a. a. O., § 48. Eine weitgehende Sachverständigenpflicht gilt auch in der österreichischen ZPO. § 353 (vgl. SPERL: Lehrbuch der bürgerlichen Rechtspflege Bd. 1, 2. Wien 1928; § 126 I, 4, S. 446).

[5] So auch in Frankreich (§ 310 Franz. ZPO.; GARSONNET-CÉZAR-BRU: a. a. O., Bd. 2, Nr. 354). Dagegen stimmt das italienische Recht mit dem deutschen überein (§ 254, 3 Ital. ZPO.; § 406 Dtsch. ZPO.; CHIOVENDA: a. a. O., S. 838; GOLDSCHMIDT: a. a. O., § 48). Nach den letzteren finden die die Ablehnung der Richter betreffenden Vorschriften entsprechende Anwendung. In die letztere Kategorie gehört auch die österreichische ZPO. § 355 (vgl. SPERL: a. a. O., § 126 I, 3).

[6] Vgl. ROSENBERG: a. a. O., § 122 V. — GARSONNET-CÉZAR-BRU: a. a. O., Bd. 2, S. 628f. (mit Ausnahmen). — LESSONA: a. a. O. Auch hier im österreichischen Recht ist der Richter in seiner Beweiswürdigung frei. Vgl. SPERL a. a. O., § 126, S. 445 und 450.

[7] Was damit das Gesetz gemeint hat, ist zweifelhaft. Die herrschende Meinung nimmt an, daß damit der Fall gemeint ist, in dem der Richter mit seiner allgemeinen Bildung nicht in der Lage ist, den Inhalt des Gutachtens selbst zu prüfen. Vgl. LIBADAS: a. a. O., § 1228f. — EUKLEIDES: a. a. O., § 197 Anm. 7. Das aber geschieht in allen Fällen des Sachverständigenbeweises. Aus diesem Grund ist besser anzunehmen, daß

Lösung hat einerseits den Vorteil, daß der Richter von der Ansicht der Fachleute nicht abweichen kann, andererseits aber den Nachteil, daß er ein zweites Gutachten nicht anordnen kann, wenn er an der Richtigkeit der ersten Begutachtung zweifelt.

V. Augenschein.

Der Augenschein kann von Amts wegen oder auf Antrag der Parteien angeordnet werden. Es kann, im Gegensatz zum französischen Recht[1], auch bewegliche Sachen zum Gegenstande haben. Er findet entweder im Gerichtssaal oder an dem Ort, wo das Augenscheinsobjekt liegt, statt. Letzterenfalls kann er durch einen beauftragten oder ersuchten Richter vorgenommen werden. Es ist aber auch möglich, daß das Kollegium selbst den Ort, wo das Augenscheinsobjekt liegt, besucht[2].

Der Augenschein kann mit einem Sachverständigenbeweis verbunden werden (§ 278 Gr. ZPO.). Nach der griechischen ZPO. besteht eine öffentlich-rechtliche Pflicht der Parteien und der Dritten, die im Besitz der Sache sich befinden, den Augenschein zu gestatten, es sei denn, daß sie ein rechtliches Interesse dagegen haben. Es wird gestattet, daß Türen usw. gewaltsam geöffnet werden. Wenn es nicht möglich ist, kann derjenige, der die Sache (die Gegenstand des Augenscheins sein soll) besitzt, durch Androhung einer Geld- oder Haftstrafe gezwungen werden, die Sache vorzulegen[3]. Wenn trotz der Strafe nicht die Sache vorgelegt wird, dann erwirbt der Beweisführende gegen den, der die Sache besitzt, einen Schadenersatzanspruch. Zur Schätzung des Schadens vermutet das Gesetz, daß das Augenscheinsobjekt in Wirklich-

---

das Gutachten der Sachverständigen, das in vorschriftsmäßiger Form abgefaßt ist, immer eine bindende Beweiskraft für das Gericht hat, soweit drei Sachverständige vorhanden sind.

[1] Das französische Recht versucht, den Augenschein als Beweismittel zu beschränken. Augenscheinsobjekt kann nur eine unbewegliche Sache sein. Darum wird der Augenschein in Frankreich mit dem Namen „descente sur les lieux" bezeichnet. Er kann nicht von Amts wegen angeordnet werden, wenn das Gesetz in dem vorliegenden Fall bloß einen Sachverständigenbeweis vorsieht (z. B. § 1678 c. c.). § 295 Franz. ZPO.; PAUL CUCHE: Précis de procédure, Nr. 467, S. 531—532. Sonst kann auch in Frankreich der Augenschein von Amts wegen angeordnet werden (GARSONNET-CÉZAR-BRU: a. a. O., Nr. 349 und 367). In Italien kann das Augenscheinsobjekt eine bewegliche Sache sein (vgl. CHIOVENDA: a. a. O., S. 841. — LESSONA: a. a. O. V, Nr. 8).

[2] LIBADAS: a. a. O., § 1197. — EUKLEIDES: § 195 Anm. 5. Es ist bestritten, ob das Gericht die Erlaubnis des Justizministeriums einholen muß.

[3] Das Gesetz sagt nichts, wann die das Augenscheinsobjekt Besitzenden seine Vorlegung verweigern können. Nach EUKLEIDES (§ 195 Anm. 2) sollen hier die die Editionspflicht der eine Urkunde Besitzenden betreffenden Vorschriften analog angewendet werden.

keit so ist, wie der Beweisführende ihn geschildert hat. Ob der die Sache Besitzende ein rechtliches Interesse hat, die Vorlegung des Augenscheinsobjektes zu verweigern, wird in demselben Prozeß vom Gericht geprüft werden (§§ 279—281 Gr. ZPO.). So geht in dieser Hinsicht das griechische Recht viel weiter als das deutsche[1].

VI. Urkunden.

Aus dem Recht des Urkundenbeweises bieten ein besonderes rechtsvergleichendes Interesse folgende drei Punkte:

a) Die Form der ein gegenseitiges Versprechen enthaltenden Privaturkunden;

b) die Beweiskraft der öffentlichen und Privaturkunden[2];

c) die Editionspflicht derjenigen, die eine Privaturkunde besitzen.

Ich werde mich hier auf die Darstellung dieser drei Fragen beschränken.

Zu a): Die ein gegenseitiges Versprechen[3] enthaltenden Privaturkunden sollen, damit sie Beweiskraft erwerben, in so vielen Exemplaren geschrieben werden wie die Anzahl der Personen ist, die ein selbständiges Interesse aus der Urkunde erworben haben. Jeder von ihnen erhält ein Exemplar (§ 410 Gr. ZPO.). In jedem Exemplar muß erwähnt werden, wieviel Exemplare ausgegeben sind. Der Zweck dieser Formalität liegt darin, daß jeder aus dem Vertrag Berechtigte eine Urkunde in der Hand hat und so das Zustandekommen und den Inhalt des Vertrages beweisen kann[4]. Durch diese Formvorschrift werden die Interessen der Parteien geschützt, indem sie ihnen ein Beweismittel verschafft. Beim Fehlen einer solchen Beurkundung ist die Wirksamkeit des Vertrages durchaus nicht berührt. Die Sanktion besteht nur darin,

---

[1] Für das deutsche Recht vgl. ROSENBERG a. a. O., § 119 II 2. Für Italien vgl. CARNELUTTI, Grundlinien der Neuordnung des Erkenntnisverfahrens in Italien, in Zeitschrift für ausländisches und internationales Privatrecht Bd. 3 S. 24.

[2] Die die Beweiskraft der Handelsbücher betreffenden Vorschriften bleiben hier außer Betracht.

[3] Das ist nicht immer bei gegenseitigen Verträgen der Fall. So wenn die eine Partei ihre Verpflichtung erfüllt hat und nur die Verpflichtung der anderen übrigbleibt.

[4] Diese Formvorschrift ist aus § 1325 c. c. übernommen. Die Fassung des griechischen Gesetzes ist richtiger, indem es von einem gegenseitigen Versprechen und nicht von einer „convention synallagmatique", wie der c. c. spricht. Über die Geschichte dieser Form vgl. BONNIER: a. a. O. II, Nr. 683 und 684. Der c. c. it. hat diese sog. „doctrine des doubles" nicht aufgenommen. Einen dem § 1325 c. c. entsprechenden Paragraph finden wir im c. c. it. nicht.

daß die Urkunde keine Beweiskraft hat[1]. Diese Einwendung kann nicht vorgebracht werden von derjenigen Partei, die ihre aus der Urkunde fließende Verpflichtung erfüllt hat (§ 411 Gr. ZPO.). Es genügt auch eine teilweise Erfüllung[2]. Diese Form ist bei Handelsgeschäften grundsätzlich nicht erforderlich[3]. Viel bestritten wird die Frage, ob die Briefe bei einem durch Korrespondenz geschlossenen Vertrage eine Beweiskraft haben[4]. Der richtigen Meinung nach findet hier § 410 der griechischen ZPO. keine Anwendung. Die Briefe sind formell völlig beweiskräftig. Das Gesetz spricht über die ein gegenseitiges Versprechen enthaltenden Urkunden. Es ist aber offenbar, daß ein Brief nur von dem einen (oder einer Gruppe) der Vertragschließenden ausgeht und kein gegenseitiges Versprechen enthält. Die andere Meinung, die leider in der Rechtsprechung als herrschend bezeichnet werden kann, steht weder mit dem Wortlaut des Gesetzes noch mit der Billigkeit und den Verkehrsbedürfnissen in Einklang. Eine andere Frage ist, was aus dem Inhalt eines formell völlig beweiskräftigen Briefes bewiesen wird[5]. Für die Beweiskraft der Korrespondenz bei Handelsgeschäften besteht gar kein Zweifel (§ 108 Gr. HGB.). Die Wichtigkeit dieser Formvorschrift ist im griechischen Recht viel größer als im französischen, denn nach französischem Recht gibt es, auch wenn nur ein Exemplar herausgegeben ist, ein „commencement de preuve par écrit“ und der Beweis kann durch Zeugen ergänzt werden[6]. Dagegen setzt der Anfang eines schriftlichen Beweises im griechischen Recht immer eine formgerechte Urkunde voraus. Aus diesem Grunde wird in diesem Fall — wo eine formwidrige Urkunde besteht — der Zeugenbeweis ausgeschlossen.

Obwohl bei dieser Formvorschrift eine gewisse praktische Zweckmäßigkeit anzuerkennen ist, habe ich gegen ihre gesetzespolitische Richtigkeit Bedenken. Es kommt oft vor, daß bösgläubige Parteien ihre Verpflichtungen zu erfüllen nicht gezwungen werden können, auch wenn

---

[1] BONNIER: a. a. O. II, Nr. 685. — AUBRY et RAU-BARTIN: a. a. O., § 756. — LIBADAS: a. a. O., § 1395. — EUKLEIDES: a. a. O., § 200 Anm. 4. — Der Vertrag kann durch ein anderes Beweismittel bewiesen werden, soweit es statthaft ist.

[2] LIBADAS: § 1392 und 1393. So auch § 1325, 4 c. c.

[3] Die Frage ist, wie auch in Frankreich, bestritten: vgl. OIKONOMIDES-LIBADAS: a. a. O. II, § 206 Anm. 13. — LIBADAS: a. a. O., § 1390. — EUKLEIDES: § 200 Anm. 6. — BONNIER: II, § 693. — AUBRY et RAU-BARTIN: a. a. O., § 756 Anm. 50. Allerdings gibt es einige Handelsgeschäfte (z. B. Gesellschaftsvertrag einer OHG.), die unter die Regel fallen.

[4] LIBADAS: a. a. O., § 1391. — EUKLEIDES: a. a. O., § 200 Anm. 1. — BONNIER: a. a. O., Bd. 2, Nr. 694. — Insbesondere F. GENY: Des droits sur les lettres missives Bd. 2, Nr. 165—167, S. 18—46. 1911.

[5] Wie ein Brief zu dem Beweis eines gegenseitigen Vertrages dienen kann, vgl. F. GENY: a. a. O., S. 19.

[6] BONNIER: a. a. O., Nr. 689.

ihre Verpflichtungen aus der aufgenommenen Urkunde ganz klar hervorgehen[1].

Der Formmangel kann nicht von einem Dritten gerügt werden.

Zu b): Bezüglich der Beweiskraft der Urkunden sei folgendes hervorgehoben: Was die formelle Beweiskraft[2] angeht, so müssen wir die öffentlichen[3] Urkunden von den privaten unterscheiden.

Die Urkunden, die sich nach Form und Inhalt als öffentliche Urkunden darstellen, gelten als echt und unverfälscht, soweit der Gegner die Unechtheit oder die falsche Beurkundung nicht beweist. Dagegen muß der Beweisführende, der eine private Urkunde vorgelegt hat, die Echtheit der Urkunde beweisen, sobald sie nicht ausdrücklich oder stillschweigend vom Gegner anerkannt worden ist. Ferner steht das Datum einer öffentlichen Urkunde auch gegenüber den Dritten fest, dagegen hat das Datum einer Privaturkunde keine Beweiskraft gegenüber den Dritten. Die Parteien müssen beweisen, daß wirklich die Urkunde aus der in ihr erwähnten Zeit stammt.

Alle Urkunden beweisen, auch gegen Dritte, die in ihnen aufgenommenen Erklärungen. Diese binden nur die in der Urkunde Beteiligten, nicht aber die Dritten. Aber die Parteien können auch selbst die in den Urkunden enthaltenden Erklärungen wegen Willensmangels anfechten. Sie können auch die sachliche Unwahrheit der in den Urkunden aufgenommenen Erklärungen beweisen, soweit sie trotz der Erklärung eine rechtliche Wirkung hat. — Eine solche Beweiskraft haben die Urkunden nicht für die in sie aufgenommenen Tatsachen, die in keinem unmittelbaren Zusammenhang mit dem Hauptinhalt der Urkunde stehen. In diesem Fall dient die Urkunde nur als ein Anfang eines schriftlichen Beweises, der durch Zeugenbeweis ergänzt werden kann.

Zu c) Editionspflicht. Die griechische ZPO. bestimmt, unter welchen Umständen der Gegner oder der Dritte, der eine Urkunde besitzt, sie im Prozeß vorzulegen hat. Danach gilt folgendes[4]:

---

[1] Vgl. BONNIER: a. a. O. II, Nr. 688. Zutreffend ist die Meinung von BONNIER (II, Nr. 686), wonach die Urkunde gültig ist, wenn nicht die Anzahl der herausgegebenen Exemplare erwähnt ist, aber bewiesen ist, daß schon so viele Exemplare ausgegeben sind, wie das Gesetz verlangt.

[2] Vgl. GOLDSCHMIDT: Zivilprozeßrecht, § 46, 3.

[3] Der Begriff der öffentlichen Urkunde ist ähnlich wie im deutschen Recht, mit der Ausnahme, daß im griechischen Recht auch die örtliche Zuständigkeit der Behörde erforderlich ist (Gr. ZPO.). Anders bekanntlich die herrschende Meinung im deutschen Recht des § 415 ZPO. (vgl. STEIN-JONAS: Die Zivilprozeßordnung, § 415 I, 2. — ROSENBERG: a. a. O., § 120 III, 1). Mit dem griechischen Recht stimmt das französische überein (vgl. AUBRY et RAU-BARTIN: a. a. O. XII, § 755, S. 157. — BONNIER: a. a. O. II, Nr. 473).

[4] § 429—434 Gr. ZPO; LIBADAS: a. a. O., § 1425f. Über die Editionspflicht einer Urkunde und besonders über die Editionspflicht der Korre-

a) Der Gegner ist unter allen Umständen verpflichtet, diejenigen Urkunden vorzulegen, die er schon im Prozeß benutzt hat oder die er erklärt hat, benutzen zu wollen.

b) Jeder Dritte oder der Gegner ist verpflichtet, diejenigen Urkunden vorzulegen, die „die Person, die Rechte oder die Angelegenheiten" des Beweisführenden betreffen.

c) Jeder Dritte ist verpflichtet eine Urkunde vorzulegen, wenn seine Vorlegung seine Interessen nicht beeinträchtigt.

Im allgemeinen soll betont werden, daß die Urkunden als Beweismittel eine viel größere Bedeutung haben in denjenigen Ländern, wo der Zeugenbeweis beschränkt ist.

VII. Vermutungen.

Für die Vermutungen ist von reiner prozessualer Seite nichts Besonderes zu bemerken. Es sei nur zum Schluß erwähnt, daß kraft gesetzlicher Bestimmung die Anwendung richterlicher Vermutungen (Indizienbeweis) ausgeschlossen ist in denjenigen Fällen, in denen der Zeugenbeweis verboten ist.

---

spondenz in Frankreich vgl. vor allem Fr. Geny: „Des droits sur les lettres missives", Bd. 2, Nr. 176—183, 1911 und die dort angegebene Literatur. Geny kommt — im Gegensatz zu der herrschenden Meinung und trotz dem Schweigen des Gesetzes — zu dem Ergebnis, daß *grundsätzlich* als Wirkung des Persönlichkeitsrechts ein Recht zum Beweis (droit à la preuve) besteht, kraft dessen jeder die Edition der seine Behauptungen unterstützenden Urkunden von einem Dritten verlangen kann.

III. Nachwort.

Von Dr. Hans Fritz Abraham, Rechtsanwalt am Kammergericht.

I.

Dem Ersuchen, ein Nachwort zu den vorstehenden beiden Aufsätzen zu schreiben, folge ich gern.

Das in beiden Arbeiten (Rühl, S. 21ff., Fragistas, S. 64) eingehend behandelte Problem der Einschränkung des Zeugenbeweises ist, wie Rühl (S. 21) erwähnt, von mir in der Zeitschrift für Deutschen Zivilprozeß vor vier Jahren erneut zur Erörterung gestellt worden, freilich ohne daß sich hieran zunächst eine irgendwie beachtliche Debatte geknüpft hätte. Erst seitdem Schiffer in seinem jüngst veröffentlichten Entwurf Vorschläge, die jenen Gedankengängen entsprechen, aufgenommen, auch in der Begründung auf meine Vorarbeiten verwiesen hat, ist die Diskussion in Fluß gekommen. Nichts aber kann mehr erfreuen, als eine solche Resonanz, mag es sich nun um zustimmende Anerkennung oder um eine zu erneuter Selbstprüfung zwingende Kritik handeln. Daß in den beiden vorstehenden Abhandlungen ein Gegner und ein Freund des Reformplanes zu Worte kommen, darf im Interesse einer weiteren Klärung des Meinungsstreites besonders begrüßt werden.

II.

Noch vor einigen Jahren herrschte die Auffassung vor, daß die Frage der Formenfreiheit der Rechtsgeschäfte bzw. der Beschränkung des Zeugenbeweises durch BGB., HGB., ZPO. endgültig geregelt sei, so daß das ganze Problem als eine abgetane Angelegenheit angesehen werden könne. Demgegenüber galt es seinerzeit (Zeitschrift für Deutschen Zivilprozeß Bd. 50, S. 21ff.), unter Hinweis auf die deutsche Rechtsgeschichte einer keineswegs weit zurückliegenden Periode, insbesondere im Hinblick auf die Juristentage der Jahre 1864, 1872 und 1893, darzulegen, daß noch vor wenigen Jahrzehnten gerade innerhalb des deutschen Rechtslebens die einschlägigen Fragen stark umstritten waren und daß bei hervorragenden deutschen Theoretikern und Praktikern die ernstesten Bedenken gegen eine unbeschränkte Formenfreiheit, gegen einen unbesschränkten Zeugenbeweis bestanden. Es erwies sich als offensichtlich, daß wesentliche Gründe, die seinerzeit den Übergang zur unbeschränkten Freiheit maßgebend bestimmt hatten, durch die Entwicklung der letzten Jahrzehnte widerlegt waren. Vor allem gilt dies von der Hoffnung auf die Unmittelbarkeit der Zeugenbeweisaufnahme, mit der man als einem Teil des neuen mündlichen Verfahrens rechnete. Gerade diese Erwartung beeinflußte die Auffassungen entscheidend in dem Sinne, daß man auch das Beweisverfahren aller prozessualen Hemmungen entkleidete. Daß wir zu einer Unmittelbarkeit der Beweisaufnahme im Zivilprozeß jedenfalls bisher nicht gelangt sind, wissen wir alle.

Schließlich aber kam hinzu, daß die Zeit, in der man sich für die völlige Freiheit des Beweisverfahrens entschloß, überhaupt eine Periode der Loslösung von rechtlichen Beschränkungen war. Nur beispielsweise sei an die Rechtsentwicklung auf den Gebieten des politischen Lebens, der Gewerbefreiheit, der Wirtschaftskämpfe im allgemeinen erinnert.

Galt es so, auf der einen Seite die Gründe klarzulegen, die die Entwicklung zum gegenwärtigen Rechtszustande beeinflußt hatten, so mußten anderseits dieser historischen Betrachtungsweise die Tatsachen gegenübergestellt werden, die unter Berücksichtigung der gegenwärtigen Verhältnisse nach Meinung des Verfassers die Einschränkung des Zeugenbeweises fordern.

Die Arbeiten von RÜHL und FRAGISTAS vertiefen die Behandlung des Problems ganz außerordentlich durch die Nutzbarmachung der Erfahrungen anderer Länder. RÜHL behandelt eingehend das französische und italienische Recht, er streift die holländische und schweizerische Rechtsentwicklung, FRAGISTAS gibt ein Bild seines heimatlichen griechischen Rechtes. RÜHL stellt dar, daß sich in Frankreich, Italien, Holland und in der Schweiz eine Abkehr von der bisher maßgebenden Beschränkung des Zeugenbeweises vollziehe, und stützt sich auf diese Fesstellungen bei der Begründung seiner These, die, soweit die Beschränkung des Zeugenbeweises in Betracht kommt, von jeder gesetzlichen Änderung des gegenwärtigen deutschen Rechtszustandes abrät.

FRAGISTAS schildert demgegenüber das griechische Recht, so wie es sich nach Maßgabe der griechischen ZPO. vom Jahre 1834 entwickelt hat. Danach ist der Zeugenbeweis in Griechenland sehr stark beschränkt. Die Beschränkung gilt auch für Handelssachen, wo allerdings der Richter (bei einseitigen Handelsgeschäften nur *gegen* den Kaufmann) den Zeugenbeweis zulassen kann. Er gelangt zu dem Ergebnis, daß an dieser Beschränkung festgehalten werden müsse, solange nicht die Unmittelbarkeit des Zeugenbeweises gewährleistet sei. Er wünscht jedoch, daß dem Richter eine größere Ermessensfreiheit bei der Zulassung des Zeugenbeweises im einzelnen Falle gewährt werde.

III.

Grundsätzlich ist zu diesen rechtsvergleichenden Erörterungen meines Erachtens folgendes zu sagen:

Was die Darstellung des italienischen Rechts durch RÜHL betrifft, so darf betont werden, daß die Rechtsauffassung in Italien keineswegs eine einheitliche ist. Allerdings neigt die italienische Rechtsprechung neuerdings dazu, den Zeugenbeweis in größerem Umfange als bisher zuzulassen (vgl. die Entscheidung des italienischen Kassationshofs vom 27. April 1927, abgedruckt Foro Italiano 1927, I, S. 881). Wie jedoch die von FRANCESCO PELLINGRINI, einem Richter des Tribunals Neapel, herrührende, ausführliche Anmerkung zu dieser Entscheidung zeigt, bestehen gegen diese Rechtsentwicklung auch bei italienischen Juristen die erheblichsten Bedenken. PELINGRINI warnt in seiner Anmerkung vor der für Italien geplanten Rechtsentwicklung, wonach in Handelssachen jedes Beweismittel, abgesehen von besonderen Ausnahmefällen, zugelassen werden soll (Art. 312 des Entwurfs des neuen Handelsgesetzbuches). PELINGRINI bezeichnet (vgl. S. 883) das Abgehen von einer seit Jahrzehnten geübten Praxis als eine für Italien „gefährliche Neuerung" (vgl. auch CARNELUTTI unten XIV).

Ich vermisse ferner in der RÜHLschen Darstellung die Behandlung des englisch-amerikanischen Rechts. RÜHL (S. 23) meint, daß auf diese Rechtsgebiete nicht näher eingegangen zu werden brauche; schon der Umstand, daß auch in Zivilsachen eine Jury über die Frage, ob der Beweis erbracht sei oder nicht, zu entscheiden habe, verbiete eine wirkliche Vergleichung. Mir erscheint dieser Gesichtspunkt nicht überzeugend Nicht die formelle Frage der Besetzung des Gerichts ist für die Rechtsvergleichung maßgebend, sondern zu prüfen ist, wie unter dem Einfluß der Prozeßgesetzgebung der rechtsgeschäftliche Verkehr als solcher sich in England abwickelt. Gerade England, gewiß ein Volk von hoher rechtspolitischer Klugheit und von jahrhundertelanger geschäftlicher Erfahrung, hat die Beweisfreiheit in weitestem Umfange auch auf dem Gebiete des Handelsverkehrs beschränkt und hat an dieser Beschränkung bis zur Gegenwart festgehalten (CURTI, Englands Privat- und Handelsrecht, Bd. 2, S. 15, und SCHIRRMEISTER, Das bürgerliche Recht Englands, Bd. 1, S. 489). Interessant ist, daß die eingetragenen Gesellschaften schon nach dem Common Law bei der Eingehung von Verträgen grundsätzlich Formbeschränkungen unterliegen. Mögen hier auch zahlreiche Ausnahmen bestehen, so sind doch die Handelsgesellschaften insoweit zur Innehaltung der Form verpflichtet. Überaus beachtlich ist ferner die Vorschrift, wonach *Vereinbarungen, die nicht innerhalb eines Jahres zur Ausführung gelangen, sondern erst später erfüllt werden, dem Formzwang unterliegen.* Diese Bestimmung, die ein Zurückgreifen auf lange zurückliegende Abreden im prozessualen Beweisverfahren verhindert, verdient Nachahmung auch bei uns (hinsichtlich der Einzelheiten SCHIRRMEISTER, Bd. 2, S. 71).

Nach der Sale of Goods Act von 1893, also einem durchaus modernen Gesetz, wird die schriftliche Form für Kaufverträge über bewegliche Sachen verlangt, die einen Wert von wenigstens 10 £ oder mehr haben. Eine solche Bestimmung sanktioniert das welterfahrene England fast zu derselben Zeit, wo wir mit vollen Segeln auf die unbeschränkte Formfreiheit, den unbeschränkten Zeugenbeweis hinsteuern (vgl. insoweit die auch von RÜHL S. 45 erwähnten Bedenken MARTIN WOLLFS, Zeitschrift für ausländisches und internationales Privatrecht, I, 514). Daß in England die dinglichen Verträge des Sachenrechts zumeist der Form unterliegen, bedarf keiner besonderen Hervorhebung. Auch gewisse Arten von Vollmachten unterliegen dem Formzwang (SCHIRRMEISTER, Bd. 2, S. 81).

Die englische Tradition ist in allen diesen Beziehungen eine Jahrhunderte alte, da das Statute of Frauds, an das sich das Gesetz vom Jahre 1893 anlehnt, schon aus dem Jahre 1677 stammt.

IV.

Angesichts dieses Bildes, das die Betrachtung der Rechte der fremden Staaten zeigt, läßt sich aus der rechtsvergleichenden Darstellung ein Schluß weder pro noch contra ziehen.

Besonders aber scheint es mir im Hinblick auf die von RÜHL geschilderte historische Entwicklung wichtig, den großen Unterschied zu betonen, der sich darin offenbart, daß in dem einen Falle *Länder, die den geschäftlichen Verkehr an eine gewisse Formenstrenge gewöhnt haben, die prozessuale Überwachung dieser Formenstrenge lockern, während wir, die wir — wenigstens nach meiner Auffassung — jahrzehntelang die Freiheit des geschäftlichen Verkehrs und die Freiheit des Zeugenbeweises geradezu haben überwuchern lassen, nunmehr Gegenmaßnahmen zu treffen haben.* Ebensowenig wie der Arzt einen unter starken Hemmungen leidenden Patienten in der gleichen Weise behandeln wird wie einen der Hemmungen entbehrenden Kranken, vielmehr in beiden Fällen die Therapie meist eine geradezu entgegengesetzte sein wird, so können wir es durchaus verstehen, daß ein Volk, das sich durch den Gesetzgeber erzogen, durch lange Übung im Verkehr an feste Formen gewöhnt hat, nun ohne Nachteil für die Rechtsordnung eine gewisse Lockerung der prozessualen Formen eintreten lassen kann. Dieser Weg erscheint sogar als der normale. Wir aber, die wir diese rechtserzieherische Maßnahme allzu lange unterlassen haben, stehen heute vor schwierigeren Aufgaben als die anderen Nationen.

Mögen wir insoweit den anderen Völkern gegenüber in einem gewissen Nachteil sein, so haben wir doch auch Pluspunkte zu verzeichnen. Ich denke hier an die wissenschaftlichen Leistungen der deutschen Psychologie, deren wir gerade bei der Behandlung des Problems des Zeugenbeweises nicht entraten dürfen. Es genügt, in diesem Zusammenhange des viel umstrittenen Namens FREUD zu gedenken.

Wie man auch immer zu den Ergebnissen der FREUDschen Lehre stehen mag, seine Forschungen und die Erörterungen, die sich an seine Lehre geknüpft haben, haben jedenfalls keinen Zweifel darüber gelassen, daß die Sphäre des Bewußtseins nur einen bescheidenen Teil der menschlichen Psyche ausmacht, daß wir weit mehr von Trieben und von unbewußten Regungen geleitet werden, als wir uns je früher eingestehen wollten (vgl. insoweit auch den Vortrag des Verfassers: „Die Bedeutung FRIEDRICH NIETZSCHES für die Rechtsentwicklung der Gegenwart", 69. Jber. Jur. Ges. Berlin).

Die Fortschritte auf diesem Erkenntnisgebiet zwingen uns Juristen zur Selbstbesinnung und bei der Würdigung und Verwertung des Zeugenbeweises zu weitgehender Selbstbeschränkung. Insofern nützt uns deutschen Juristen der unmittelbare Zusammenhang mit der Arbeit anderer Disziplinen. Es ist ein verhängnisvoller Irrtum, wenn ein Teil unserer Richter (vgl. den Aufsatz des Oberlandesgerichtsrats KATZENSTEIN in der Jur. Rdsch. vom 1. April 1929) meint, daß man durch die Beschränkung des richterlichen Zeugenbeweises die Aufgaben des Richters verkümmere, daß man damit dem Richter in den Augen des Publikums ein Armutszeugnis ausstelle. Davon kann gar keine Rede sein. Die Stellung des Richters kann nur gehoben werden, wenn man klar die Grenzen zieht, die menschlicher Erkenntnis überhaupt und ganz besonders der richterlichen Erkenntnis mit all ihren daran geknüpften folgenreichen Verantwortungen gezogen sind. Auch der Richter ist Mensch genau so wie die seiner richterlichen Gewalt unterworfenen Personen. Nicht nur die Objekte seiner Macht, die Parteien und die Zeugen, unterliegen unkontrollierbaren, ihm nicht oder nicht in vollem Umfange bewußten Einflüssen, auch die Person des Richters selbst — sowohl des gelehrten wie des Laienrichters — kann trotz aller beruflichen Schulung und Selbstkontrolle sich nicht völlig von allen diesen Einflüssen frei machen. So gilt es denn, sich der Grenzen unseres justizmäßigen Erkennens voll bewußt zu werden. Was jenseits dieser Grenzen liegt, muß der Justiz fernbleiben. Je klarer wir diese Grenzen abstecken, um so stärker kann sich innerhalb dieser Beschränkungen der Richter betätigen, um so mehr sichern wir seine Urteilsfindung, um so mehr heben wir seine Stellung. Daß der englische Richter wohl unter allen Kulturstaaten der Welt die denkbar höchste Einschätzung genießt, dürfte nicht bezweifelt werden. Niemand aber ist in England je auf den Gedanken gekommen, daß man die autoritative Stellung des gelehrten Richters durch die Einschränkung der Beweisfreiheit oder durch die Ausschaltung von Beweis würdigender Tätigkeit schmälere[1].

V.

Es bedarf ganz gewiß ernster Erwägungen darüber, in welchem Umfange eine Beschränkung des Zeugenbeweises eintreten soll, und wie die entsprechenden gesetzlichen Formulierungen zu wählen sind. Daß auch SCHIFFER hier nichts Endgültiges geben will, liegt auf der Hand. Ist man jedoch mit SCHIFFER dahin einig, daß der Weg der Beschränkung des Zeugenbeweises zu beschreiten sei, so wird man auch die entsprechende Formulierung finden. Gewiß werden im Zusammenhang mit der Neuerung eine Reihe prozessualer Kontroversen auftreten, die man in Kauf nehmen muß. Der Umfang dieser Streitfragen wird sicherlich nicht so groß sein, wie z. B. auf dem Gebiete der Aufwertung, wo man auch, trotz aller Schwierigkeiten der Durchführung, den Rechtsgedanken als solchen nicht verwerfen durfte.

Es kommt aber auch gar nicht so sehr auf diese einzelnen prozessualen Streitfragen an, sondern maßgebend ist, wie sich der rechtsgeschäftliche Verkehr auf die Einschränkung des Zeugenbeweises einstellen würde. Es kann nicht bezweifelt werden, daß eine Beschränkung des Zeugenbeweises im höchsten Grade rechtserzieherisch wirken würde; wenn der einzelne Bürger weiß, daß er im Streitfall zu seinem Recht nur gelangt, sobald er seine Abrede klar beurkundet, so muß dies Wissen zu einer weitgehenden Selbsterziehung des Volkes führen. Zwangsläufig würde im rechtsgeschäftlichen Verkehr der Beurkundung nunmehr entscheidender Wert beigelegt werden. Schon diese Entwicklung würde zur Verhinderung und Abkürzung der Prozesse in einem solchen Umfange führen, daß angesichts dieses Ergebnisses die Vermehrung der prozessualen Kontroversen wesentlich an Bedeutung verlieren würde.

Dieses rechtserzieherische Ziel will ja auch RÜHL begünstigen (vgl. S. 47). Aber eine solche Erziehung ist nie und nimmermehr mit allgemeinen Ermahnungen und durch bloße Aufklärungsarbeit zu erreichen. *Der wirkliche Erzieher ist insoweit nur das eigene Interesse der Rechtsuchenden.* Ohne eine gesetzliche Bestimmung, die klar erkennen läßt, daß die Nichtbeachtung der Formen regelmäßig Nachteile für die Partein nach sich zieht, muß alle Erziehungsarbeit versagen.

---

[1] Welche Bedenken gerade der Tätigkeit des entscheidenden Richters im Beweisverfahren entgegenstehen, ist auf dem Salzburger Juristentage von 1928 sowohl in den zivil- wie in den strafprozessualen Abteilungen hervorgehoben worden (Vhdl. des 35. Juristentages Bd. 2, S. 131 u. 132).

VI.

Den auf Einschränkung des Zeugenbeweises hinzielenden Reformbestrebungen wird immer wieder entgegengehalten, daß eine zu strenge Betonung der Form Mißbräuche fördere; der Kundige werde den Unkundigen überlisten, formularmäßig geschlossene Verträge würden Fallstricke für die ungewandte Partei in sich bergen und diese aufs schwerste schädigen. Ich persönlich lege einer solchen Beweisführung keinen großen Wert bei. Es ist nicht Aufgabe der Rechtspflege, das wieder gut zu machen, was die Torheit des einzelnen zu seinem Nachteil anrichtet. Der einzelne darf nicht darauf vertrauen, daß seine Fehler durch andere wieder beseitigt werden, sei es, daß die Gerichte dazu bemüht werden, sei es, daß dritte Personen ohne Not in jene Streitigkeiten hereingezogen werden. Grundsätzlich soll der Säumige auch die Verantwortung für seine Säumnis tragen. Das ist für ihn die beste Lehre, die beste Erziehung. Ganz gewiß gilt dies für den kaufmännischen Verkehr.

Was das *Bagatellverfahren* betrifft, wo man leichter dazu neigen kann, dem Richter eine ausgleichende helfende Funktion zuzugestehen, *so wird dieses ja durch die angestrebte Beweisbeschränkung überhaupt nicht berührt.* Die befürchteten Mißbräuche würden ja aber gerade in erster Linie das Bagatellverfahren angehen, so daß sich schon aus diesem Grunde die Besorgnisse der Gegner erledigen.

Eine andere Frage ist, ob nicht der Formenzwang von überlegenen wirtschaftlichen Mächten zum Nachteil des wirtschaftlich Schwächeren ausgenützt werden könnte. Die Beantwortung dieser Frage führt uns jedoch auf ein ganz anderes Gebiet. Nicht nur bei den formbedürftigen, sondern auch bei den formfreien Geschäften gilt es, die Grenzen zu ziehen, innerhalb deren der Wille des einzelnen oder einzelner Gruppen sich gegenüber den Forderungen der Gesamtheit durchsetzen darf. Überall ist zu prüfen, wo die einzelne Privatabmachung noch dem Gesamtinteresse gegenüber Anspruch auf Beachtung erheben kann. Nur andeuten möchte ich, in welcher Richtung sich die Rechtsentwicklung insoweit bewegen dürfte. Ein Beispiel aus dem Gebiete des Arbeitsrechts, dem Recht des Tarifvertrags, erleichtere dies. Früher glaubte man, im Verhältnis zwischen Arbeitgeber und Arbeitnehmer jeden einzelnen Dienstvertrag mit allen seinen Sonderbestimmungen respektieren zu müssen. Heute ist diese Anschauung in weitestem Umfange überlebt. An die Stelle der Sonderverträge mit ihren einzelnen Klauseln treten die für verbindlich erklärten Kollektivverträge. An diesem Kollektivrecht scheitern alle unbilligen Einzelabmachungen. In dieser Entwicklung offenbart sich ein Rechtsgedanke, dessen künftige Ausgestaltung heute noch nicht zu übersehen ist. Auch auf anderen Rechtsgebieten wird es in Zukunft möglich werden, typische Rechtsnormen, typische Vertragsbedingungen festzustellen, denen auf Grund einer behördlichen Mitwirkung zwingende Kraft beigelegt werden kann. Gerade dort, wo formularmäßige Bedingungen üblich sind, können solche Formulare von einer autoritativen Stelle nachgeprüft und, soweit sie mit den Interessen der Gesamtheit vereinbar sind, für verbindlich erklärt werden. Dann gibt es keine Fallstricke des einzelnen Geschäfts mehr, *dann gelten zwingend nur die behördlich anerkannten Bedingungen.* Die Ausbeutung des Formenzwangs kann solcher Rechtsgestaltung gegenüber nicht mehr in Frage kommen.

Ich habe diese kurzen Andeutungen eingefügt, um zu zeigen, daß unsere Zeit uns hier vor völlig neue Probleme stellt, und daß wir jedenfalls den eine Beschränkung des Zeugenbeweises fordernden Reformbestrebungen nicht Einwände entgegenstellen dürfen, denen nur auf den ersten Blick eine gewisse Scheinberechtigung zukommt, die jedoch, wenn man sie näher prüft, zu ganz anderen Aufgaben, zu ganz anderen Lösungen führen.

VII.

Für besonders beachtlich halte ich den Hinweis FRAGISTAS darauf, daß, solange nicht eine wirkliche Unmittelbarkeit des Verfahrens gewährleistet sei, die hohe Einschätzung der Zeugenaussage besonders gefährlich sei. Wir haben in Deutschland leider fast durchweg einen rein papiermäßigen Zeugenbeweis. Daß sich hieran etwas ändern könnte, solange wir an dem bisherigen Übermaß von Beweisaufnahmen und der damit verbundenen Belastung der Gerichte festhalten, ist nicht zu erhoffen. Bei dem gegenwärtigen Stande unserer gerichtlichen Praxis aber treten an die Stelle der von den Parteien im Augenblick des Vertragsabschlusses geschaffenen Urkunden papierene, künstliche, nachträgliche, von Dritten geformte, zahllosen bewußten und unbewußten Fälschungen ausgesetzte Dokumente.

Für nicht gerechtfertigt halte ich dagegen die Befürchtung RÜHLS (S. 43), daß eine Beschränkung des gerichtlichen Zeugenbeweises zu einer weiteren Abwanderung der Parteien an die Schiedsgerichte führen würde. Das Gegenteil erscheint mir richtig. Je straffer und konzentrierter der ordentliche Prozeß ist, desto mehr werden ihn die Parteien bevorzugen. Die Abneigung gegen den ordentlichen Prozeß beruht ja gerade auf der Uferlosigkeit und Länge des Verfahrens, auf der gegenwärtig bestehenden völligen Unmöglichkeit, das Ergebnis eines Prozesses auch nur annähernd vorauszusehen. Gegenwärtig kann niemand bei Einleitung des Prozesses sagen, welches Tatsachenmaterial im Laufe des Rechtsstreits auftauchen wird, niemand sich ein Bild darüber machen, in welchem Umfange das letztinstanzliche Endurteil durch unzuverlässige Zeugen, durch mißglückte und mißverstandene Beweisaufnahme beeinflußt werden wird.

Völlig verfehlt aber wäre es, diesem Übelstande etwa durch eine Verkümmerung der zweiten Tatsacheninstanz abzuhelfen. Auf diese Weise würde man die Urteilsfindung auf der Basis eines unvollständigen, nicht erschöpften Zeugenbeweises begünstigen. Ungeachtet der grundsätzlichen Erziehung des rechtsgeschäftlichen Verkehrs zur urkundlichen Form darf der Zeugenbeweis dort, wo er zulässig ist, nicht durch äußerliche Zwangsmaßnahmen abgeschnürt werden.

VIII.

Die Tatsache, daß die Frage der Beschränkung des Zeugenbeweises zum Bestandteil des SCHIFFERschen Reformplans geworden ist, hat, wie bereits eingangs erwähnt, erst eine Resonanz für die Behandlung des Problems geschaffen. Anderseits besteht jetzt die Gefahr, daß man geneigt ist, die ganze Frage nur als Teil eines Sparprogramms zu betrachten. Das wäre jedoch grundfalsch. Allerdings ist das Problem der Einschränkung des Justizbetriebes unlösbar, wenn man nicht ernstlich daran geht, unnötige Quellen der Prozesse zu verstopfen; und bei der Beschränkung des Zeugenbeweises handelt es sich ja um den grundsätzlichen Versuch, durch die Erziehung des rechtsgeschäftlichen Verkehrs Prozesse zu verhindern oder zum mindesten einzuschränken. Das ist ein rechtspolitisch gesundes, mit bloßer Ersparnis nicht zu identifizierendes Ziel, wenngleich nicht zu verkennen ist, daß eine derartige Rationalisierung des Rechtslebens auch im Kosteninteresse durchaus zu begrüßen ist.

Ebensowenig ist einzusehen, wie man zu einer Beschränkung der Richterzahl kommen will, wenn man nicht ernstlich daran geht, die dem Richter zu unterbreitenden Aufgaben auf das im Interesse der Rechtspflege notwendige Maß zu konzentrieren. Unmöglich erscheint es gerade unter dem Gesichtspunkte der Einschränkung der Richterzahl, den Justizbetrieb in seinem gegenwärtigen Umfange bestehen zu lassen oder ihn gar sich hypertrophisch weiterentwickeln zu lassen. Dies würde auf der einen Seite angesichts der Zahl der benötigten Richterkräfte dazu zwingen, daß man sich in nicht geringem Umfange mit der Heranziehung von Durchschnittskräften begnügen müßte, während man auf der anderen Seite fortfahren würde, den Richter vor Aufgaben zu stellen, die er in Anbetracht der heutigen komplizierten, für ihn kaum durchsichtigen Wirtschafts- und Lebensverhältnisse, ferner angesichts der Grenzen des menschlichen Erkenntnisvermögens zu bewältigen nicht in der Lage wäre.

IX.

Soviel über die allgemeinen Zusammenhänge. Einzelheiten möchte ich in diesem Nachwort nur in beschränktem Umfange erörtern.

a) Daß der Bagatellprozeß im Sinne einer Befreiung von Beweisbeschränkungen zu begünstigen ist, erscheint mir selbstverständlich — ist sicherlich auch SCHIFFERS Ansicht. Welche Grenzen hier zu ziehen sind, ist eine Frage der Durchführung. Man wird sich im wesentlichen an die amtsgerichtliche Zuständigkeit halten. Nicht gerechtfertigt erscheint mir die Befürchtung RÜHLS (S. 26), daß die Begünstigung des Bagatellprozesses den Verdacht begründen könnte, sie entspringe einer plutokratischen Einstellung. Offensichtlich soll doch gerade der Rechtsstreit des „kleinen Mannes" erleichtert und von jeder juristischen Fessel möglichst befreit werden.

Von der Begünstigung der Bagatellstreitigkeiten auszunehmen wären entsprechend dem englischen Vorbild alle diejenigen Vereinbarungen, die ihrem Wesen nach zu ihrer Abwicklung einer längeren Frist bedürfen (vgl. oben III).

b) Was den Handelsverkehr betrifft, so ist hier an der Beweisbeschränkung festzuhalten. Interessant ist die von FRAGISTAS erwähnte Bestimmung des griechischen Rechts, wonach der Richter den Zeugenbeweis, soweit er sich *gegen* den Kaufmann richtet, nach seinem Ermessen zulassen kann.

Für den kaufmännischen Verkehr würde zur Beurkundung das übliche kaufmännische Bestätigungsschreiben genügen. Beachtlich ist, daß das Mitglied eines Gerichtshofs, der in langjähriger Tradition mit den Bedürfnissen des nationalen und internationalen Handelsverkehrs vertraut ist, der Senatspräsident am Oberlandesgericht Hamburg, Dr. PHILIPPI, sich ebenfalls neuerdings mit eingehender Begründung für die Beschränkung des Zeugenbeweises ausgesprochen hat (Judicium, H. 2, S. 118ff.). Wegen der von PHILIPPI formulierten Gesetzesvorschläge vergleiche a. a. O. S. 143.

c) Neben den Bagatellprozessen sind solche Geschäfte zu begünstigen, bei denen schon die Technik des rechtsgeschäftlichen Verkehrs die Mündlichkeit erfordert, also insbesondere die Börsengeschäfte. Daß etwa ein großer Katalog befreiter Geschäfte aufzustellen wäre (RÜHL, S. 30), nehme ich keineswegs an. Insofern wird die (vgl. oben a) festzusetzende Wertgrenze bereits die wesentliche Unterscheidung bringen. Außerdem bleibt es ja den Beteiligten grundsätzlich unbenommen, wenn sie Vertrauen zueinander haben, ihre Abreden nur mündlich zu treffen. Freilich müssen sie dann die Folgen tragen, wenn sie ihr Vertrauen den Unrechten entgegengebracht haben.

d) Auch das einseitige Rechtsgeschäft bedarf der Form; allerdings kann sich der Urkundenbeweis nicht auf die Frage des Zugangs der Urkunden beziehen (vgl. den Vorschlag PHILIPPS, a. a. O. S. 143).

e) Ganz besonders wichtig erscheint es mir, daß diejenigen Personen in ihrem Vertrauen auf den Urkundenbeweis geschützt werden müssen, die sich freiwillig zur Beurkundung ihrer Geschäfte entschließen. Wer die Beurkundung wählt, will die klare schriftliche Formulierung. Man darf ihm nicht nachträglich entgegen der Urkunde einen unsicheren Zeugenbeweis aufdrängen. Der Schutz der Berufung auf die Urkunde darf keinesfalls dann versagen, wenn die Parteien mündliche Nebenabreden ausdrücklich ausschließen und für nachträgliche Änderungen die Schriftform verlangen. Daß gerade im kaufmännischen Verkehr derartige Schutzklauseln vielfach üblich geworden sind (vgl. RÜHL, S. 39), beweist eindeutig, daß der Handelsverkehr nach einer Einschränkung der freien Beweisbarkeit vertraglicher Abreden drängt. Mißbräuchen ist dadurch vorgebeugt, daß der Bagatellprozeß ohne jede Beweisbeschränkung geführt werden kann. Ich verweise ferner auf die grundsätzlichen Ausführungen oben zu VI.

X.

Beziehen sich meine bisherigen Darlegungen ausschließlich auf die Frage der Beschränkung des Zeugenbeweises, so will ich mich noch zu zwei anderen Problemen äußern, die im Vordergrunde der RÜHLschen Erörterungen stehen. Ich leite meine Legitimation hierzu daraus her, daß ich innerhalb eines engeren Gebietes bei Gelegenheit des Referates über die Reform des Eheprozesses auf dem Salzburger Juristentage vom September 1928 Gelegenheit hatte, zu diesen Problemen Stellung zu nehmen. Es handelt sich um die Beschränkung des Eidesbeweises und die eidliche Parteivernehmung.

Gleich RÜHL bin ich der Ansicht, daß für den Zivilprozeß die Vorschrift des AGGs einzuführen ist, wonach eine Eidesleistung nur dann stattfindet, wenn der Richter sie zur Herbeiführung einer wahrheitsgemäßen Aussage für notwendig erachtet. Der Eid muß die seltene Ausnahme bilden. Mit allen anderen Bekräftigungsmitteln sollte man gründlich aufräumen. Der Eid ist ein Überbleibsel aus einer alten bürokratischen Zeit, wo man davon ausging, daß dem Richter ein Zwangsmittel in die Hand gegeben werden müsse, um auf jeden Fall die Wahrheit, die „reine Wahrheit" (wie weit ist das Prozeßergebnis regelmäßig von einer solchen Wahrheit entfernt!) zu ermitteln. Der Eid erinnert an den Stock des „Erziehers", der den Gehorsam durch Prügel erzwingen will, wenn seine sonstige „Erziehungskunst" zu scheitern droht. An die Stelle freier Erforschung des Willens des anderen Teiles, an die Stelle des Verständnisses und der Verständigung tritt hier wie dort der brutale äußere Zwang[1].

Aufgabe des Prozeßrichters ist es, sich auf Grund des ihm vorliegenden Sachverhalts, insbesondere auf Grund der Erklärungen der Parteien und dritter Personen, eine Überzeugung zu bilden. Das ist doch aber eine Aufgabe, vor die auch außerhalb der Justiz im großen und kleinen die Menschen ständig gestellt werden. Muß sich nicht auch der Staatsmann, der Politiker, der Feldherr, der Kaufmann, der Rechtsanwalt, jeder Leiter eines Betriebes oder einer Organisation auf Grund dessen, was er wahrnimmt, was er für richtig hält, und was er bezweifelt, Überzeugungen bilden, ohne daß ihm Mittel zur Verfügung stehen, mit denen er Dritte unter Androhung von Strafen zum Bekenntnis der Wahrheit zwingen kann? Warum soll gerade der Richter dies Recht haben? Warum soll man nicht vom Richter ebenso wie von anderen urteilenden und handelnden Personen verlangen, daß er sich auf Grund des gesamten Sachverhalts ohne Anwendung äußerer Zwangsmittel seine folgenschwere Überzeugung bilde? Dabei mögen wir dann getrost anerkennen, daß es Fälle gibt, wo der Richter eine bestimmte Überzeugung nicht gewinnen kann und wo er in Selbstbescheidung aus der Unklarheit der Sach- und Rechtslage die sich daraus ergebenden Konsequenzen zieht, im Strafprozeß nach dem Grundsatz „in dubio pro reo", im Zivilprozeß zum Nachteile dessen, der die Beweislast hat.

Im Strafprozesse, wo starke öffentliche Interessen mitsprechen, wird man gewiß unter Umständen die Möglichkeit einer stärkeren zwangsmäßigen Einwirkung nicht entbehren können. Im Zivilprozeß aber sollte man den Richter — und dies berührt sich mit der vorangehenden Darstellung — nur in möglichst geringem Umfange in die Zwangslage versetzen, wichtige Entscheidungen auf Grund unkontrollierbarer Zeugenaussagen treffen zu müssen. Die auf Beschränkung des Zeugenbeweises hinzielenden Reformbestrebungen würden automatisch die Zahl der Beeidigungen verringern und auch insofern segensreich wirken. Im Zivilprozeß bliebe dann in erster Linie das urkundliche Material maßgebend. Die Zeugenaussage hätte von vornherein nur noch eine beschränkte Bedeutung. Die *beeidigte* Zeugenaussage würde nur in besonderen Fällen die Grundlage des richterlichen Urteils bilden.

XI.

Diese Gedankengänge führen dann weiter zu der Würdigung des Vorschlags der eidlichen Parteivernehmung. Das Bedürfnis nach

[1]) In den Fällen, wo der Zeuge religiösen und sittlichen Einflüssen zugängig ist, werden ihn regelmäßig seine sittlichen Anschauungen auch ohne den Eid zur wahrheitsgemäßen Aussage veranlassen.

einer solchen *eidlichen* Vernehmung wird ebenfalls gering sein, wenn der Urkundenbeweis im Vordergrunde des Beweisverfahrens steht. Die uneidliche Anhörung der Parteien wird allerdings für die Auslegung der Urkunde wertvoll bleiben.

Grundsätzlich habe ich heute erhebliche Bedenken gegen die Einführung der eidlichen Parteivernehmung. Eine solche Vernehmung wird gerade die gewissenhafte Partei in die schwersten Konflikte bringen. Je skrupelloser die Gegenpartei ist, um so weniger leicht wird sich der andere Teil dazu entschließen, im eigenen Prozesse eidlich auszusagen, und auf diese Weise die in Deutschland nur allzu üblichen Meineidsanzeigen gehässiger Gegner heraufzubeschwören. Die bloße Tatsache, daß man im Prozesse regelmäßig mit einer solchen eidlichen Vernehmung zu rechnen hätte, würde vielfach die Parteien von einer an sich begründeten Rechtsverfolgung abhalten. Die Drohung, einer solchen eidlichen Vernehmung ausgesetzt zu sein, könnte auch während des Prozesses einen unzulässigen Druck auf die Partei ausüben.

Von einer eidlichen Parteivernehmung sollte daher meines Erachtens nur die Rede sein, wenn die Partei selbst sich hierzu erbietet (RÜHL, S. 19). Aus der bloßen Tatsache des Nichterbietens dürfen Schlüsse gegen die Partei nicht gezogen werden.

XII.

In diesem Zusammenhange möchte ich auf die Ergebnisse der Salzburger Tagung besonders Bezug nehmen. Entsprechend den gemeinsamen Anträgen der Berichterstatter beschloß der Juristentag, daß im Eheverfahren die Beeidigung der Zeugen und Sachverständigen im freien Ermessen des Gerichts stehen solle; der Beweis durch Parteieid solle im Eheprozeß nicht stattfinden; auf Antrag einer Partei sei die Unmittelbarkeit der Beweisaufnahme anzuordnen, und zwar in erster Instanz vor dem Einzelrichter, in zweiter Instanz auch vor dem Kollegium; dem Verlangen sollte nur dann nicht stattgegeben werden, wenn es sich als Mißbrauch darstellte oder wenn es nur mit unverhältnismäßigen Schwierigkeiten erfüllt werden könnte.

Alle diese Ziele sind meines Erachtens auch für das ordentliche Prozeßverfahren anzustreben. Die Wahrung der Unmittelbarkeit der Beweisaufnahme wird aber in der Praxis nur zu erzielen sein, wenn man die Zulässigkeit des Zeugenbeweises in angemessenem Umfange einschränkt. Der Beschränkung der Zahl der Beweisaufnahmen wird dann die qualitative Verbesserung des Beweisverfahrens entsprechen.

Sehr interessant war die Stellungnahme des Juristentages zur Frage der eidlichen Parteivernehmung, die SCHIFFER und ich noch in unseren gemeinsamen Leitsätzen vorgeschlagen hatten. Die Stimmung des

Juristentages erwies sich als so ablehnend, daß wir Berichterstatter diesen Teil der Leitsätze vor der Schlußabstimmung preisgaben.

XIII.

Die in diesem Heft zusammengefaßten Abhandlungen dürften den Nachweis erbringen, daß die Reform des Beweisverfahrens eine der drängendsten rechtspolitischen Aufgaben der Gegenwart ist. Es ist keineswegs richtig, daß unserer Zeit insofern der „Beruf zur Gesetzgebung" fehlte. Mit diesem Argument ist man nur allzu leicht geneigt, die eigene Passivität zu entschuldigen. Die Zeit fordert von uns aktives Handeln. Möge es an Berufenen nicht fehlen, die dieser Mahnung folgen[1].

XIV.

Dem soeben erschienenen Heft der Zeitschrift für Deutschen Zivilprozeß Band 54 Seite 380 entnehme ich den Bericht über die Rede, die CARNELUTTI, einer der bedeutendsten Fachgelehrten Italiens, auf der Wiener Tagung der Deutschen Zivilprozeßrechtslehrer im Oktober 1928 gehalten hat. CARNELUTTI hat hier über seinen Entwurf einer neuen italienischen ZPO. gesprochen. CARNELUTTI *will in diesem Entwurf die Zulässigkeit des Zeugenbeweises noch über das zur Zeit in Italien geltende Recht hinaus auch in handelsrechtlichen Sachen zugunsten des Urkundenbeweises einschränken.*

Dieser Standpunkt eines führenden italienischen Juristen und Prozeßreformers dürfte für die rechtsvergleichende Betrachtung des Problems (vergl. hierzu oben III) von nicht zu unterschätzender Bedeutung sein.

---

[1] Vgl. zu den vorstehenden Darlegungen auch SCHIFFER: „Um die Reform des Eidrechts" (DJZ. 1929, S. 611).

GPSR Compliance

The European Union's (EU) General Product Safety Regulation (GPSR) is a set of rules that requires consumer products to be safe and our obligations to ensure this.

If you have any concerns about our products, you can contact us on ProductSafety@springernature.com

In case Publisher is established outside the EU, the EU authorized representative is:

Springer Nature Customer Service Center GmbH
Europaplatz 3
69115 Heidelberg, Germany

Batch number: 10844827

Printed by Printforce, the Netherlands